作者　杰里米·戴维斯

英国利兹大学青年学者，主要研究领域是生态批评与理论。《人类世的诞生》是他近年出版的新著，代表了其在环境批评方面的研究成果。杰里米·戴维斯博士受过良好的人文教育，对浪漫主义时代的文学很有心得，像这样的一位学者在面对环境问题时，没有将其视为科学领域的问题，而是以人文主义学者的视角来重新思考环境。

译者　张振

中国人民大学文学院讲师。北京外国语大学学士，华盛顿大学硕士，加州大学戴维斯分校硕士、博士，北京大学博士后。主要研究领域包括比较文学与世界文学，西方批评理论和艺术批评。在 *Frontier of Literary Studies, The Modern Language Journal，Transfer: e-Journal on Translation and Intercultural Studies* 等国际同行评价期刊和《当代电影》《世界电影》等国内核心期刊发表论文数十篇。

Jeremy Davies

The Birth of the Anthropocene

人类世的诞生

[英]杰里米·戴维斯 著

张振 译

生活·讀書·新知 三联书店

Simplified Chinese Copyright © 2021 by SDX Joint Publishing Company.
All Rights Reserved.
本作品简体中文版权由生活·读书·新知三联书店所有。
未经许可，不得翻印。

图书在版编目（CIP）数据

人类世的诞生/（英）杰里米·戴维斯著；张振译.—北京：生活·读书·新知三联书店，2021.8
（光启译丛）
ISBN 978-7-108-07120-0

Ⅰ.①人… Ⅱ.①杰…②张… Ⅲ.①世界史-研究 Ⅳ.①K107

中国版本图书馆CIP数据核字（2021）第047918号

Copyright © 2016 The Regents of the University of California.
Published by arrangement with University of California Press.

策　　划	王秦伟	
责任编辑	陈丽军	
封面设计	黄　越	
出版发行	生活·讀書·新知 三联书店	
	（北京市东城区美术馆东街22号）	
邮　　编	100010	
印　　刷	江苏苏中印刷有限公司	
排　　版	南京前锦排版服务有限公司	
版　　次	2021年8月第1版	
	2021年8月第1次印刷	
开　　本	889毫米×1194毫米　1/32　印张　8	
字　　数	174千字	
定　　价	56.00元	

总　序

梁启超在《清代学术概论》中，把由徐光启（1562—1633）为代表的回溯"汉学"、追求"西学"的学术思潮，看作中国近代思想的开端。正是以徐光启为首的一代人，立足中华文化，承续学术传统，致力中西交流，展开文明互鉴，在江南地区开创出思想文化的新局面，也遥遥开启了上海作为近现代东西交流、学术出版的中心地位。有鉴于此，我们秉持徐光启的精神遗产，继承和发扬其经世致用、开放交流的学术理念，创设光启，立足中国、借鉴国外，挖掘历史、把握当代，关怀人类、面向未来。大力引介高质量的世界学术精品，既在自身文化中汲取活力，又积极把自身文明带到世界前沿，以高水准的国际性成果丰富中华文化的内涵。

译丛推重"经世致用"，即注重文化的学术性和实用性，既促进学术价值的彰显，又推动现实关怀的呈现。译丛以学术为第一要义，所选著作务求思想深刻、视角新颖、学养深厚；同时也注重实用性，收录学术性与普及性皆佳、研究性与教学性兼顾、传承性与创新性俱备的优秀著作。

译丛推动"东西交流"，即注重文化的引入与输出，促进双向的碰撞与沟通，既借鉴西方文化，也传播中国声音，并希冀在交流中催生更绚烂的精神成果。译丛着力收录西方古今经典著作和学术前沿成果，推动其在国内的译介与出版。

译丛关注并回应重要时代议题与思想命题，推动中华文化的创造性转化与创新性发展，在与世界学术的交流对话中，努力打造和呈现具有中国特色的价值观念、思想文化及其话语体系，为夯实文化软实力的根基贡献绵薄之力。

我们深知，无论是推动文化的经世致用，还是促进思想的东西交流，本丛书所能贡献的仅为涓埃之力，但若能成为一脉细流，汇入中华文化发展与复兴的时代潮流，便正是秉承光启精神，不负历史使命之职。

清代学者阮元曾高度评价徐光启的贡献，"自利玛窦东来，得其天文数学之传者，光启为最深。……近今言甄明西学者，必称光启"。追慕先贤，知往鉴今，希望通过"光启译丛"的工作，搭建起东西文化会通的坚实平台，打造上海乃至当代中国学术高原的瞩目高峰，以学术的方式理解和阐释中国，阅读与走向世界。

陈恒

2021年8月8日

谨以此纪念珍尼特·霍尔特(Jeanette Holt)
1964—2014

致　谢

感谢利兹大学文学学部英语学院的学术休假项目的慷慨支持,我才得以完成本书的写作。我在英属哥伦比亚大学度过了其中的一段时光,那儿的写作环境堪称完美;此外,我也要感谢那段时间亚历山大·迪克(Alex Dick)的盛情款待。众多杰出之士从头到尾阅读了这份书稿,包括迪佩什·查克拉巴蒂(Dipesh Chakrabarty)、大卫·克里斯钦(David Christian)、安吉拉·克拉夫(Angela Clough)、本·迪布利(Ben Dibley)、阿拉里克·霍尔(Alaric Hall)、戴维·希金斯(David Higgins)、丹尼尔·罗德·斯梅尔(Daniel Lord Smail)、扬·扎拉西耶维奇(Jan Zalasiewicz),还有一名加州大学出版社的匿名审稿人。他们专业的修改意见让本书增色不少,并且挽救我于差错之汪洋;对余下的错误我将负全责。安东尼·卡里根(Anthony Carrigan)、艾伦·海伍德(Alan Haywood)、吉姆·马塞尔(Jim Mussell)、斯蒂芬·斯克里姆夏尔(Stefan Skrimshire)、格雷姆·斯温德尔(Graeme Swindles)给了我很大的帮助和宝贵的意见。朱莉娅·巴尼斯特(Julia Banister)反复要求我应该表述得更清晰。杰米·怀特(Jamie Whyte)

绘制了第四章和第五章出现的漂亮的地图。多尔·布朗（Dore Brown）、布拉德利·迪皮尤（Bradley Depew）、博妮塔·赫德（Bonita Hurd）和尼尔斯·胡珀（Niels Hooper）组成的编辑团队堪称行业楷模。感谢诸位。

目　　录

绪论 / 1

第一章　在深度时间中生活 / 15

第二章　人类世的版本 / 46

第三章　未来的地质学 / 78

第四章　梯子上的梯蹬 / 123

第五章　全新世的讣告 / 157

结论　时光未曾消逝 / 208

索引 / 226

译后记 / 245

绪　论

这是一本关于如何估量危机的书。现代环境危机的规模是很难被把握的，部分原因在于，曾经几乎是一成不变的东西现在正在发生急速的变革。

举个例子，海洋正在变得更深。在 21 世纪结束之前，全球的海平面很可能增高 40 到 120 厘米，漫溢到那些城市聚集的沿海陆地。季节的周期正在发生变化。对于很多植物来讲，时间是脱节的。比如欺骗蜜蜂"拟交配"本是蜘蛛兰花进化出来的唯一的传粉方式，然而更暖的春季意味着蜜蜂过早地出现，而错过了蜘蛛兰花原本诱引蜜蜂传粉的时节。类似的关联脱离（decouplings）威胁着很多其他生物的生命周期，像有些鸟现在孵蛋孵得太晚而来不及去捉毛毛虫来喂养自己的后代。世界地图甚至也被重绘。给养咸海的河流被改道而用来灌溉，河道缩减为之前的十分之一。而今，暴露在外的湖底沙子和盐，混合着杀虫剂、重金属、脱叶剂被吹向周边的农田，使得农作物大规模减产，当地的农民出现哮喘、肺结核、眼疾、伤寒、癌症等疾病，还有由于饮用高盐分的水所引起的肾病而备受折磨。① 总的来说,这场骤变使海平面升高,时节紊乱,河海变为陆地,它即将为这个世界的历史带来一个新的"世"(epoch)。

最后这句话可能听起来无甚内涵,更像是一种空谈,但是在地质学上"世"(epoch)这个词有着特定的专业含义。一个地质世是星球历史中的一个中等大小区块。现在研究地球的生物和物理进程的学生们越来越相信地球作为一个整体的行星系统正在经历一个世级别的转型。地球的大气、海洋、岩石、植物还有动物正在经历着一种大到足以标志着一个世的结束和另一个世的开始的变化。在这个具体的、专业的语境中,现今的环境危机是世级别的。它的量级很难被理解,但是,在地球漫长的历史中,如果我们把现时的环境改变当成一个新世的生产剧痛,如果我们给予这个世一个在地质时间中的位置,我们才有可能逐步理解目前的情况。而认识到如今何之即灭何之将至或许有助于我们面对这种在两个世裂缝中生活的窘境。这种初现端倪的新的地质时间分割方法已经被赋予了一个名字:人类世(the Anthropocene)。这个人类世的想法让我们得以在历史纵深中审视现今的生态危机。

这本书的中心论点是,人类世这个想法不仅仅提供了一个用相当长远的视角审视环境危机的理由,而且为这种视角提供了一种切实可行的方法。它给予现今生态剧变在行星历史中合理的位置。看看人类世是如何在行星时间的漫长序列中开启一

---

① Benjamin P. Horton et al., "Expert assessment of sea-level rise by AD 2100 and AD 2300," *Quaternary Science Reviews* 84 (2014): 1 - 6; Karen M. Robbirt et al., "Potential disruption of pollination in a sexually deceptive orchid by climatic change," *Current Biology* 24, no. 23 (2014): 2845 - 2849; Philip Micklin, "The past, present, and future Aral Sea," *Lakes and Reservoirs: Research and Management* 15, no. 3 (2010): 193 - 213.

个新的篇章，或许你便能领会这个过程所呈现出的灾难的能量、规模和形态。要想理解气候变化、生物多样化锐减、热带雨林采伐，以及其他的环境问题，请各位比较一下目前及将至的世界状况与此前诸世所出现的有何异同。

如果说当代的环境变化导致一个新的地质纪的诞生，那么地球科学家们应该调整地质年代（geological timescale），这也是整个地质科学赖以依存的星球历史的图表总结。就目前来讲，由国际地层委员会（指定托管人）所维护的官方时间标度图表中并未收录人类世。但如果把这个图表简化缩略后再加上人类世，大概如表 1①所示。

像人类世这样的地质世是更大时间单位"纪"（period）的次级分类，如现在所处的第四纪（Quaternary）；进而是代（eras），最终是宙（eon）。世（epoch）本身可以再被细分成被称为期（age）的单位（表 1 简化的表中没有显示）。所有这些分类和次级分类都有着固定的开始日期和结束日期，又依现有的地质学知识存在或大或小的不确定性边际（margins of uncertainty）。证据表明，当地层学家（根据岩层的物理排序编排地质时间的专家）提出（postulate）一个新世的开始，他们是在做很具体的论断。他们的设想正如在精心锻造的地质年代的玻璃花窗中嵌入新的玻璃片，一片有着特定大小和形状的玻璃。如同那些更古老的年代，这个新的时间分区的意义在很大程度上取决于它开始的时间点；同时，它的分级属性也关系重大：相比创造一个人类纪（Anthropocene period），宣布一个新的世是一小步，可是在地质时间上，一个世却比一个人类期

---

① 表 1 见下页。——编者注

宙	代	纪	世
显生宙 始于5.41亿年前	新生代 始于6 600万年前	第四纪 始于258万年前	人类世
			全新世
			更新世
		新近纪 始于2 300万—258万年前	上新世
			中新世
		古近纪 始于6 600万—2 300万年前	渐新世
			始新世
			古新世
	中生代 始于2.52亿—6 600万年前	白垩纪	次级分类成31个世
		侏罗纪	
		三叠纪	
	古生代 始于5.41亿—2.52亿年前	二叠纪	
		石炭纪	
		泥盆纪	
		志留纪	
		奥陶纪	
		寒武纪	

表1 显生宙

(Anthropocene age) 更有分量。所以当地层学家使用"人类世"这个词的时候,它指的是一个在庞大规模的地质时间中占据着特殊的位置的时间间隔。

然而地层学家关于人类世的论争和得出的里里外外的结论还从来没有在地球科学的传统之外被仔细地审视过。这本书的一个目的是向读者介绍从这些论争中浮现的环境历史视角。这个视角始于对过去几个世纪遗留下来并将亘古永存的地质痕迹进行的评定,它极有可能对地质学家以及所有关心环境的人都有所启示。这本书还有一个更大的目的。我认为地质学家版本的"人类世"可以开拓出一个理解和回应现代生态灾难的新思路。现代生态灾难波及之广,一旦离开地质时间的语境根本无法理解。这意味着地质学所提供的长远视角可以改善环境政治(environmental politics)的基本议题。地层学家的"人类世"开启了一扇望向往昔地质的窗口,由此,关于环境的政治也得以有一个崭新的立足点。

联想到当代政治,人类世最直接也最有力的比对点是全新世(Holocene epoch)。全新世是一个有着 1.17 万年的跨度,并且按照目前公认的地质年代版本的说法,一直延续到今天的时间段。我相信,如果要理解全新世和人类世的异同,我们还需要进一步探究地质更遥远的过去,那庞大生物还比比皆是的年代。但首先最关键的一点是,把人类世引入地质年代中去(并把它开始的时间定在过去的几个世纪中)将意味着宣称全新世即将终结。这本书归根结底既是讨论全新世的最终危机,也是讨论人类世的出生阵痛,换言之,我强调的正是这两件事情其实是一样的。全新世很重要,因为它是迄今为止唯一的一个这样的世:这里面有交响乐乐团和皮下注射针、登月和性别平等法案、糕点、精酿啤酒和普遍选举,又或更直白地说,是农耕文明成就了这一切。随着全新世的消亡,之前其所包含的文明社会权利和各种乐事,若想进一步持续下去,将不得不和已经在根本上发生了改变的生态状况进行协商。如果要把这些好事慷慨大方地惠及更大的人群,那就更是问题多多了。这就是人类世的政治问题。

当一个人意识到自己处于两个世界的缝隙中，这种状态总是发人深思的。人类世的想法使得这种处于两个世之间的状态成为政治思考的出发点。在这本书的最后一个章节里，以及在结论中，我提出，环境保护主义者应当想象自己处于两个地质断代的过渡期中，环境保护主义应当想办法走过这个过渡期。这意味着把"可持续性"这个理想从绿党（the greens）的最高目标中降级弱化。取而代之的是，环境运动需要首先关注环境不公正，特别是在面对全新世终期的生态单一化趋势下，更应加强生态多样性和复杂性。人类世的诞生应当伴随着一种警觉性的反抗，保卫日渐凋零衰败的多样的社会生态系统，反抗这种生态系统被脆弱的饱和的单一耕种模式所取代；或者换句更正面的话来讲，在世和世之间急剧突兀的跨越可以被缓冲，靠的是维护生态系统和人类社会那种多样的、繁杂的和多元的生命状态，在这样的生命状态里各种有生命力的势力相互匹敌，相互交织。

"人类世"这个词来源于希腊语ἄνθρωπος（anthropos），意思是"人"或者"人类"。这是一个新近加到环境政治学的词语——也仅仅在20世纪末它才被创造，或者说较为广泛地为人所知。可是从那时起，这个词变得声名鹊起。近来，在一些学术圈里，它越发成为一个热门和流行的术语。而其中，在最前沿的学术圈子里，它已经走向下一个阶段，进而被认为是老旧和俗气的了。无论是对这个术语的狂热者还是怀疑者都经常在论辩中信手拈来使用这个词而很少去解释和定义它。但通常的情况是，人们用到这个词的时候从不提及岩层学家在这方面所做的工作，而在这本书中，恰恰是从这个层面给了"人类世"这个词意义。当然，这个词没有理由不可以在各种多样的、有争议的，甚至互相矛盾的语境中使用。然而，为了避免混淆视听，在进一步阐述之前，我准备在接下来的几页中列出那些人类世所没有包含的含义。

首先，这本书所谈的"人类世"不是伊甸园中堕落之事的代名词。它并不是描述人类行为如何通过污染和掠夺带来自然的终结；换言之，它不是一个阐明人类堕落的修饰手法。这意味着人类世并不像石油泄漏，是可以缓解的事情。

其次，相反地，人类世不是对乏味的自然停滞的突破，它不是地球原有的承受极限的一个超越，或说不是一把拆卸这个枷锁的钥匙，也不是说它或美名远扬或臭名昭著，并与以往的那些崇高却无趣的世和期大相径庭。人类世与众多其他的世一样，同在地球的历史上分庭抗礼，它并不是地球历史的一半。

再者，虽然它的名字如此，但是"人类世"不是一个宣扬人类中心主义的概念。这个世之所以称为人类世，并不是因为现在自然已经完全从属于人类了（仿佛云彩成形和燕子飞翔现在都需要先获得人类的许可）。这个名字很恰当，是因为人类社会对地球的物理世界产生前所未有的撼动，可是其他的物种仍然一如既往独立地对这个世界施加自己的影响力，追逐自己的利益，尽管活动领域已经变得不同。人类并不处于人类世图景的中心，以自己知识的力量抵触着包围着它的被动物质。相反，人类社会本身是由人类、非人类动物、植物、矿物等等之间相互关系所构成的。另外，"人类世"作为一个概念，不是把人类文明简化为一个内部不加区分的群体。我会回到这个观点并进一步阐述。如果说地球正在经历一个世级的物理过渡，这其中人类的各种各样的团体活动都扮演了重要角色，这并不意味着迄今为止人类已经一致行动了，抑或人类要为这个新形态负集体责任。

最后，在地质时间的语境下为环境危机的重要性论辩，我绝不是主张用一个远距离的、奥林匹亚式自上而下的视角来审视人的境况。即便这个必要的语境是如此惊人的庞大，可是关注它并不意味着要用启蒙时代的公正精神来逃避当前的紧迫形势。它并不意味着要将人类关注的转瞬即逝热点和生生不息的生命长河做对比，然后冷眼旁观审视过去和未来，仿佛一切文明不过虚妄。事实上，它完全跟这个相反。常识总是蕴含着轻率而就的无关是非对错的论断，认为自然在人类不可避免的消亡之后不会再怀念人类。与此相反，人类世这个想法首先是提出一个在时间中的落脚点，也就是定位在一个特定历史时期。

一言以蔽之，我们不能再把人类和自然放在两个截然不同的对立面，从而把这两个对立者都汇入一个统一的杂糅体中去。在这本书中我认为人类世的诞生产生了非常不同的效应。它重新分配了媒介（agencies），重新架构了系统，并且把地球形成过程中所发生的多次轮回的结果进行了重新排序。从一个世到另外一个世的过渡是广义上的中断，于此新的论述可被描画。

"人类世"的反对者（不在少数）经常担心这个新词意味着一个灰暗和狭隘的世界图景。在这个图景中，星球仅仅是人造工程，被人类活动所塑造，人类仅存的希望就是允许科学精英们自上而下地去管理国际事务，使自然资源可以被更有效地开采，然后消费者们富足的生活方式可以尽可能长时间地维持下去。对于批评者对这种情况的厌烦我表示认同，可是这本书呈现了一个不同的世界图景。这里，世界独具一格，充斥着婉转迂回的一连串因果反应，充斥着各种错综复杂并且巧妙的联系，联系着各种经济体和洋流、生态系统和板块构造，也充斥着气候学家所称的"遥联"（teleconnections），即被证明是与某种隐秘的联系相伴的来自遥远的摄动——这里"遥联"可以是以贸易路线的形式出现，也可以是现金流,或是大气压力的时起时落。反馈回路使微妙的演化手段和化学手段的修正有着世界性的效应。人类社会给这个星球施加了影响,因而给充满偶然性和惊喜的地质历史带来了最近一次的小插曲。

我们的世界正处于一个世级别的过渡期,这个认知符合过去40年地球科学研究的基调。在这段时期内,被称为"新灾难"(neocatastrophism)的概念框架已经引领着地球科学的前沿。在这本书中我提议,人类世应当是新灾难学说转向的另外一个衍生产品。通过我们所熟悉的腐蚀、沉积等长年累月的过程,我们的星球才形成现在的形态——这是新灾难主义传播的理念,也是这种学说为现代地质科学注入了活力。新地质学图景又纳入了突发的物种灭亡和物种生成、气候和地貌剧变,还有和外星球物体的高速撞击。一点点地,人类文明诞生之前的地球生命看起来越来越充满戏剧性和偶然性。那种以平缓的、目的论的发展眼光来看人类的到来是并不存在的。相反,地球的发展故事是充满着迂回曲折和变化的。相互连接的多层次反馈机制被植入了地球系统,这些反馈机制反复作用把起初相对小的变化都加以放大,而且完全无规律可循,使得非人类的那部分地球历史变得像王国和帝国的历史那样随机、混乱。

这个对地球系统的新的理解很大程度上影响了众多科学家,比如说气候学家们。他们大费周章,试图解释我们之所以要关注全球变暖并不是因为大气的组成正在发生史无前例的急速转变,也不是因为它正在打破气候系统恒久的和谐并产生未知的骇人后果。相反地,我们要关注全球变暖是因为大气和气候在过去就时不时地会突然发生急剧的变化。与这些变化随之而来的是对生物的重新设定,无论新的设定本身多完美,对于旧的来讲,就像是征服者的军队之于沦陷的城邦。这个带着不祥预兆的历史纪录也是我们把气候系统置于人类世的诞生所带来的各类危险的核心的原因。

新灾难主义为我们引入了地球物理能量的一个名录——小行星、洋流、火山之流。所有这些，在合适的条件下，可以突然向地球系统施加比平日更强大的、更具破坏性的影响。人类世这个想法，正如我想去阐释的那样，把人类的能动性加到了这个名录上。人类世来自人类（anthropos），因为它最突出的特点（目前来讲）是人类社会作用在物理世界的巨大影响。人类介入地球的有机组成或者在这个过程中管理土壤、水或大气循环的说法是不正确的。相比那些超越了人类微不足道力量的强大力量，这些都是小巫见大巫。现在来讲，人类社会是在地球的上空、表面和下方运行的最强有力的生态势力之一。

说到这里，或许当今世上对这个新世的最有洞察力的描述不是来自科学家或者对这个运动的热衷之士，而是来自一个诗人——加拿大裔的唐·麦凯（Don McKay）。麦凯的大量作品所呈现的特点最主要来自他的兴趣——捕鸟，然而，在他最近的两部诗集中——《突袭/溜走》（*Strike/Slip*）和《奇异虫》（*Paradoxides*）——他的视线变得越来越低，越来越慢。地质学变成他诗歌的主题，他的诗歌俯身到化石、岩石之间，还有取自"深度时间"（deep time）的故事（类似于"深度空间"，"深度时间"指的是可追溯到几千年前一直到地球的最开始的时间的深渊）。麦凯写的诗歌有关于远早于数学的石英石六边结构的形成，有关于自己在北大西洋的海岸上偶遇的三叶虫，也有关于以亿为单位的计年是如何无法计量，还有那些山脊的剥蚀。在 2008 年的讲座中他回顾了人类世的使用。"诗人都对命名这件事很严肃。"他说道。对于他来讲,"人类世"这个名字为我们开辟了"进入深度时间的入口"。之前的各个地质世都仿佛可以从这个新的世往回追溯,就"像是梯子上的梯蹬"那样,从人类世那一级往下走几步就是了。夹杂着无意隐藏的嘲讽语气,麦凯罗列了人类世诞生的最深远的重要性:

> 如果我们认为自身生活在人类世这个阶段,那么便重构了寓居于时间之内(temporal dwelling)这个说法。基本上,时间相对于人类存在,它由一个现时,也就是我们生活的当下,以及那个被我们称为历史的并不遥远的过去组成。人们觉得历史很重要,因为它可以对现时有借鉴意义,可以帮助我们更好地了解我们自己。当我们带着崇拜之情抑或厌恶之意谈及过去的时候,我们指的是肤浅的过去。在历史之前曾有一个不那么明确的遥远的过去叫史前时代,构成它的是一堆历史残骸、各种大灾难、混杂着克洛维斯尖头器的恐龙骨、缺失的关键线索、露西和拉斯科洞窟里的原始人像、误以为是始祖鸟的南方古猿,以及把所有的这些混合在一起的羊水大杂烩,仿佛人类这种"统治物种"是奇迹般地在这其中脱胎而出。"人类世"这个名字,尽管自相矛盾,却为人类中心主义设限,使得现在成为一个类似于世、纪和代的时间单位……一方面,我们失去了作为统治物种的特殊地位;另一方面,我们同三叶虫和埃迪卡拉纪生物一起成为深度时间的一分子。我们获得了陌生化(defamiliarization)这个礼物,让我们得以变成自己的他者,获得了了解这个不断演化的星球的话语。在深度时间里充满想象力地去生活,在放弃

了支配的同时，我们却获得了互通。①

人类世把人类推入了地球历史的激流之中。它宣告了一种和梯子上的梯蹬建立的新的亲密关系。"我们"——我们需要对这个集体代词的潜在含义多加审视——和三叶虫一起同为地球上漫长生命大戏的演员；我们是星球上另外一种为了自己的生存和转变施力的力量。人类世最突出的一点，它是一个可以和深度时间对话的思考模式。

在众多从事地质学研究的专业人员中，或许最能帮助我们了解深度时间所发生的种种玄妙过程的是最一丝不苟也是最兢兢业业的一群人——地层学家们。地层学家致力于对地球上所有的沉积岩层进行精确区分和断代。近来，他们更试图对照已有的严苛的地质断代标准，确立新的世的测量方法。正是由于这批敢想敢干的地层学家，在人类世降临之际，各界也逐渐形成了对于"人类世"这个概念最生动、最奔放，也最让人忐忑的认知。人类世终究是他们的人类世，是紧跟于之前的世之后的一个崭新的世。这也是本书的主题。

接下来本书第一章，我会着重讨论深度时间在有关当代环境的新闻报道中的地位。在这类报道中，当下的环境变化往往被描绘成千年不遇甚至千万年不遇的现象。对于不是地球历史专家的人来说（这恰恰也是大部分关心环境问题的人的情况），这显得用心险恶，并且具有一定的误导性。在本章中，我将会对一些无助于我们想象深度时间的说法提出批评，同时描绘

---

① Don McKay, "Ediacaran and Anthropocene: Poetry as a reader of deep time," in *Making the Geologic Now*, ed. Elizabeth Ellsworth and Jamie Kruse (New York: Punctum, 2013), 46–54 (53).

18世纪晚期以来形成的另一派地质学观点,探讨现今人类社会相对于地球活动本身对这个星球的影响到底有多大。第二章则会开始涉及"人类世"的概念。自20世纪末地球系统学家保罗·克鲁岑(Paul Crutzen)提出了这个概念以来,它的使用范围越来越广。在这一章中我会追溯它的几个最重要的含义的发展历程,谈到近几年出现的对这个概念的声讨。有些人批判"人类世"这个概念体现的正是人类中心主义和自大的反民主情绪,但是在我看来,关于"人类世"的某些版本的解读并非如此,而是被株连了。

第三章集中探讨了诸多解读中的一种,即地层学家的解读。用地层学的方法来看,人类世可能是地层年代的一个新增的纪元。本章将着重从地层学的视角出发,分析"人类世"这个词中"人类"与其暗含的关系是如何发生改变的。用地质学家的方法打个比方,假设几百万年后,一个外星球的地质学家来到地球考察,在地质化石中他们能发现当今社会的什么痕迹呢?确切地说,这个新的世到底应该从什么时候开始算起呢?在这个问题上,我看似钻牛角尖,但实际上,这个问题至关重要。准确的地质判定之所以能体现地球环境历史过去几百年间的变迁,都仰赖于此。

本书前三章探讨了人类世这个想法是如何拓展了关于地质断代的讨论,而后两章则从这个视角进行讨论。每一章节的主要内容都是粗线条的叙述时间线。

第四章纵览长达5.41亿年跨度的显生宙,也是人类世所隶属的地层时代。第五章概述了人类世之前的全新世。这两章的目的在于挖掘出对新纪元有参考意义的地质年代,特别是那些让非地质专业的环保人士无所适从的地质年代。其间,我会探讨智人（Homo sapiens）在深度时间中的地位（见第四章），以及最后一个冰河世纪后文明的地位（见第五章）。在结论中，我会对"人类世"的政治含义进行条分缕析。"人类世"既可以成为环境政治中引起论争的口号，也可以成为环境政治的认知基础。那些关于可持续性，以及生态环境对于发展的制约的论调，折射出来的是一种对时间限制的徒劳的逃避。相反地，地层学家的视角是把现在危机中的细枝末节当成环境主义的出发点。这样的政治立足点在于设法从全新世最终的危机中寻求方案，并且把这个危机具象化；这样的政治说到底是跨国的，它有助于我们分析经常引发环境大灾难的国力不均衡的现状。这样的政治目的是，在人类世诞生之际大声疾呼，形成生态系统的民主多元性。

第一章　在深度时间中生活

人类世提供了一种在深度时间的语境中去理解现时的环境危机的一种视角——深度时间属于遥远地质过去的范畴。近年来环境新闻报道呈现出一种奇怪的趋势，就是当前这个世代的人已身不由己地被发生在周遭的千万年不遇的环境变化抛进了深度时间。气候变化的否认者和一些心存好本意的环境学家有着这样一种有害的、不切实际的观点：地球的遥远过去（deep past）本质上处于一成不变的状态。可自 18 世纪末以来，有关地球的科学学科已经发展出一种较之前非常不同的看待远古（distant past）的方法，而最近几十年地质思想的重大发展也使这种看法的相关概念有越来越清晰的定义。另一种观点认为地质时间完完全全具有历史性。追溯其历史，这个故事呈现出的是一系列有张力的叙述，包括洪水、气候变化，还有不可预知的进化过程。人类世的诞生最多被看作深度时间历史漩涡中最近的一次转折点。可是如果有关地球的故事一直是如此的曲折生动，那么，人们可能会好奇，当下的变化实际上会不会只是各种宏大的地球事件中一圈不足称道的涟漪。那么，统观全局，这个人类诱发的变化到底在地球系统中是什么样规模？

漫长的山脉

2013年5月的早些时候，在夏威夷冒那罗亚黑色的火山坡上的一个监测站，科学家发现大气中每日平均的二氧化碳含量攀升至400 ppm以上。接下来几个月，由于夏日植被的生长从天空中摄取二氧化碳，其含量下降了大约7 ppm，其后该水平在秋天又有所回升。次年，400 ppm的阈值在3月份被突破。第三年，这个阈值在1月份就已被突破。

冒那罗亚火山的空气，作为太平洋中部崛起的"漫长山脉"，也长期被密切监测。山脉远离人迹，山坡上如月球般的寸草不生，这意味着其周边的空气可以作为衡量地球整体大气状态的指标。20世纪80年代末起，公众开始关注温室气体的排放，有关大气的化学组成一直是一个极具政治争议的话题。冒那罗亚观测站所监测到的400 ppm阈值首次突破时间也被广泛报道。快速上升的二氧化碳含量被认为是人类活动的后果，也被人们引据为关注气候变化的理由。相关新闻报道也提到需要对这个故事提供一些历史背景做铺垫。据记者报道，早在18世纪中叶，二氧化碳的含量已稳居于280 ppm。因而，在没有其他的因素可以明确解释其增长的情况下，现有的二氧化碳含量中的三成被认为是18世纪末期工业社会发展的结果。

在大气科学这个复杂的领域中，还能有比这更清楚明白的故事吗？毕竟，回溯久远的18世纪末以解释现世的做法我们可是再熟悉不过了。最明显并且最典型的就是美国的例子：1800年前出台的《美利坚合众国宪法》和《人权法案》至今仍是日常政治讨论的重中之重。在更大范围内也是如此。18世纪后期的几十年是欧洲国家殖民扩张的形成阶段，那个时代的影响在现代的世界中依然无处不在，特别是其造成的财富和贫穷的不均衡分布。此外，工业革命也见证了法国大革命和现代自由国家的建立。据说，在20世纪70年代当中国总理周恩来被问及法国大革命的影响的时候，他经常这么回答，"现在评论恐怕为时过早"。无论真实与否，周恩来的这句箴言却恰如其分地体现了一种观点：法国大革命的影响还在继续发酵，现今的政治或多或少仍存在于1789年的阴影之中。可是假设说周总理对巴拿马海峡也做了类似的评论，对300万年前就分隔太平洋和大西洋的南北美洲之间狭窄的陆地说出了这样的话，那么什么样的政治事件，可以被我们合理地置入不是几千年而是几百万年的历史长河中进行考量呢？

新闻报纸对冒那罗亚的报道不仅仅止步于18世纪，可是这样问题就来了。报道这个故事的记者显然认为，如果把目光局限于这么短的时间，会给他们的读者带来不实的信息。毕竟，18世纪中期，也就是工业化上升期之前，二氧化碳含量水平又有什么特别之处呢？《纽约时报》为了解释这个问题，无限扩大了其时间范围："大概8 000年左右的人类文明期间，二氧化碳的含量是相对稳定的（280 ppm）。"毫无疑问，很多《纽约时报》2013年5月份的读者觉得作为一个有良知的现代公民，他们应该认可每天作为报纸头条出现的与气候变化相关报道的重要性。可是，看起来如果要实施的话，他们需要涵盖不仅仅几个世纪的历史，而是8 000年的历史。而即便如此，离把控这个故事的全貌还相差甚远。

《纽约时报》是如此冷冰冰地说明的，"科学家通过研究南极冰层中滞留的空气发现,早在 80 万年前二氧化碳的含量就在一个狭窄的区间波动,这个区间是从最远古冰河世纪的大约 180 ppm 到更温暖的世代的 280 ppm"。冰河世纪(Ice ages),在这里用的是复数!冒那罗亚山顶的先贤们开始听起来有点像印度先贤声称的那样,成百上千年一次的太阳年(solar years)组成一个瑜伽时代(yuga),每一个瑜伽时代是摩诃时代(maha-yuga)周期的一部分,也就是大梵天(Brahma)生命中一天的 1/29 的 1/71。可是,《纽约时报》的报道没有就此止步。这位记者身处太平洋,终于在一个合适的语境下让其报道登上了报纸的早间新闻,他发现,"上一次有这么高的二氧化碳含量还是在至少 300 万年前,就是在被称为上新世(Pliocene)的时期"[1]。

《纽约时报》并不是唯一一家这么报道的。英国的《卫报》对于二氧化碳新达到的水平是这么叙述的,"这么高的二氧化碳含量上次出现还是在 300 万到 500 万年之前,也就是上新世"。巴西的《全球时报》说二氧化碳上次达到 400 ppm 这个"有象征意义的水平"还是在"320 万年前"。法国的《新观察家报》报道的是这个数字的上限:上次"地球的大气层"有这么高的二氧化碳含量还是在"500 万年前"。这些报道都一而再再而三地把大气中的二氧化碳含量和远古过去连在一起。为

---

[1] "Heat-trapping gas passes milestone, raising fears," *New York Times*, May 10, 2013, www.nytimes.com. 从某种程度上讲,这个故事对于人类世的探讨有着里程碑的意义,具体论述请参照:Ian Baucom, "History 4: Postcolonial method and Anthropocene time," *Cambridge Journal of Postcolonial Literary Inquiry* 1, no. 1 (2014): 123 – 142; Bruno Latour, "Agency at the time of the Anthropocene," *New Literary History* 45, no. 1 (2014): 1 – 18.

什么？到底是什么那么致命，让人们用一个庞大的数字（500万年）来解释这个不起眼的数字（400 ppm，也就 0.04％）？为什么曾经是专属于地质学家、古生物学家和生物进化学家所关心的话题，突然变得万众瞩目？

那位记者认为要理解 400 ppm 的二氧化碳浓度的重要性须得从过去寻找某种参照点。这点无可厚非。一些政客和权威学者急于对这个很紧迫的话题做出回应，也确实需要把这个浓度值和遥远的地质过去（deep geological past）做一个比较。可是奇怪的是，被突破的 400 ppm 阈值并不是唯一被这么对待的。有阅报习惯的人会发现，最近有关环境变化的报道都呈现出这样的两面性：一方面是该议题在当今环境中凸显的政治性，另一方面则是借助深度时间来对其进行阐释说明。也就是说，现在讨论环境危机似乎意味着必须要去讨论地球历史中那遥不可及的过去。

有关冰川融化的报道参照的时间点是几百万年前，也就是地球上一个没有冰层的时代。一则新闻因为报道北极现在的温度达到 4.4 万年以来历史最高，成了头条。对政府机构如何处理洪水和森林火灾的争论也纷纷引据专家的研究，比如河流在几千年间如何迂回改道，比如啄木鸟如何在几百万年间演化出捕食腐木寄生虫的本领。自然资源保护论者认为一个能够正常运行的生态系统的基准线应该设定于几万年前，大致在大部分的大型哺乳动物灭绝之前。对于为反对全球变暖而摇旗呐喊的人来说，在几十年内就把需要几百万年才堆积形成的煤矿和石油烧完，这种做法简直疯狂至极。对于物种多样性的缺失这个话题，新闻报纸的专题更偏向于强调问题的急迫性，提出世界可能开始经历 5 亿年以来的第六次物种大灭绝。最近一份研究表明处于南半球40纬度的咆哮西风带正吹着比上一个千年更强的西风和南风,这个看起来转瞬即逝的现象也使公众的注意力聚焦到了远古时期。

对于稍微关注环境问题新闻的人们来说,这种以历史为参照的报道趋势是显而易见的。然而,我们却很容易忽视这种趋势到底有多显著。在环境报道中,个人对深度时间的参照看起来有些偶然性和临时性。只有当这些偶然的事情经常发生的时候才会凸显它们的真正的重要性。从整体上看,媒体这种投机取巧的影射表明了重要的一点:为了理解现在的环境危机,人们必须考虑很久以前发生的事情。日复一日,年复一年,21世纪初的世界正在发生的改变只有放置在成千上万年甚至几百万年量级的时间轴上才可能被理解。政客和各种力量团体热衷于唇枪舌剑、互相推诿,各种应允选民去改善的情况——换言之,所有当代的政治事实——皆须追溯到远古那个连政治都还不存在的时代。讨论气候变化、生物多样性缺失、化学污染等等这些议题使得记者们可以跟公众随意提及地质时间,就像古生物学家与冰河学家之间进行对话那样。

这样的确有问题了。环境灾难使深度时间政治化了。那么对于那些关注环境可是却既不是古生物学家又不是冰河学家的人们,他们面对这漫长的历史该如何是好?在如此令人惊愕的语境中,人们该如何去理解、想象、诠释这种无时无刻不在发生的环境变化呢?如果我们读到美国联邦规定的最低薪水其实已经跌到了20世纪50年代排除通胀时的实际水平,或者美国和欧洲最富裕的1%的人占有的国家财富比例直逼"一战"前的水平的报道——这些跟冒那罗亚火山的报道有异曲同工之妙,我们便能相对轻松地理解它们所要表明的观点。相反地,对于非专业人士而言，新闻报道里面信手拈来（bandied-about）的深度时间的参照很可能让人摸不着头脑，随即将之抛诸脑后。"就像是问一个入学不久的本科生关于一些在过去发生的事件的时间……经常我们会得到一些非常随机的答案，这些答案常常对于百、千、万、十万、百万的时间刻度不加区分。"①

远古最重要的一个日子（其重要程度相当于对英国而言的1066年的黑斯廷斯战役），可能是6 600万年前，陆栖恐龙（terrestrial dino）因彗星撞地球而灭绝的时候——当时的撞击形成现在的墨西哥湾海岸。除此以外，对于非专业人士而言，1 000万年前和1亿年前、100万年前的世界在他们的脑海中唤起的图像不会有太大的区别。如果说后面的这几个日期还让人稍有印象的话，恐怕仅仅是因为锤子电影公司拍摄的电影《洪荒浩劫》，片中用定格摄影塑造了那些扑向衣不蔽体的原始女人的恐龙。

新闻记者三言两语地解释这些历史时期可以规避这个问题。《纽约时报》对于冒那罗亚火山二氧化碳含量的大肆报道中有一条这样的解释，300万年前的气候"远比现在温暖，地球上的冰冠也比现在小，海平面可能也比现在高约60到80英尺"。这种注释当然有所帮助，但顶多也只能算是脱离历史语境的一瞥。很明显，二氧化碳的浓度和海平面水平并没有正相关的关系，特别是在一个没有连续叙述主线的情况下去比照二氧化碳含量，还有海平面的升高和降低的历时发展，《纽约时

---

① Chris Caseldine, "Conceptions of time in (paleo) climate science and some implications," *Wiley Interdisciplinary Reviews: Climate Change* 3, no. 4 (2012): 329-338 (334).

报》这样的叙事恐怕有点行不通。有可能在 300 万年前，地球还很温暖，空气中也有很多二氧化碳；也有可能发生在仅仅 30 万年前。人们是很健忘的。

　　有些人可能会反对，除了冒那罗亚火山这则报道，难道很多新闻不都是这样叙事的吗？的确如此，我们中的很多人翻阅报纸的时候都希望对所有现今事件的历史背景有准确的了解，这并不仅限于环境方面的报道。可是，其他的报道和环境问题的报道有本质的不同。阅读一则北爱尔兰派别冲突的新闻头条，你可能永远无法确认每年 7 月 12 日橙带党员（Orangemen）煽动性的游行所纪念的战争到底发生在哪一年，连蒙带猜才能估算出它大概发生在三四百年前。但退一步讲，没有人会认为博因河战役（Battle of Boyne）是发生在 30 年前或者 3 000 年前。相比之下，在商业版面上，对于量级的完全错误的记忆是有可能的：美国国际集团（AIG）接受的救援，是百亿、千亿级还是万亿级美元？可是金融系统里面这些虚幻的数字有着一套自己运作的规律，当这个数字大到失控时，它就变成股票市场众多奥妙事件中的又一个案例，对我们理解最近的崩盘和收购并不构成主要障碍。

　　科学版面可能会把你的注意力引到时间的最起点，也会描述宇宙大爆炸理论的最新进展。可是这样的话，天体物理学家的结论（这里说的不是实验室的资金来源）听起来就几乎不像是个政治话题了。回到新闻版面上来，有种族国家主义者倾向而散播谣言的人主张一个民族对于所在地拥有绝对特权，其依据是这些人自古以来就在此生活。可是他们当中的最狂热最无理的人所坚称的拥有权的这个传统最多也只有 2 000 多年的历史。在生活方式的版面里，你可能会读到最近最时尚的饮食方式——原始饮食（paleo dieting），它的理论基础是从"我们以捕猎采集为生的祖先"所吃的东西展开的。这种把远古过去道德化的方式（就像是流行的进化论心理学偶尔也会做的事情）与强行对其赋予政治相关性还是不太一样。

简而言之，深度时间的政治化是环境保护主义论的特殊癖好。生态政治挣扎于想象过去之难。试图用熟知的语言去修复地质时间，这种努力只会让这个事情变得更加奇怪。如果把一年比作一英寸，地球的年龄相当于绕赤道三圈的长度。或者，正如一个大家耳熟能详的生动说法所言："如果把地球的历史比作英式旧制丈量单位码，也就是国王的鼻尖到他的伸长的手臂那么长，那么，指甲锉刀锉一下国王中指的指甲，人类历史就被挫没了。"① 当然，通过学习，国际地质时间周期表也可以被掌握：地质系的学生必须得学习它才能通过考试。可是如果把这个记忆练习变为一个好的有生态观的公民的必修课，恐怕有点不切实际，我们早已被各种关于地球状态的信息压得喘不过气来。当前，人们需要的是一些实际的方法帮助他们理解地球让人困惑的过去，特别是现在气候变化和物种灭绝业已把这个话题推到了大众的视野中。

深度时间的两个版本

还有一些其他的因素，使得如何在深度时间的语境中找到一种理性看待环境变化的方式变得双倍的紧迫。此前在生态政

---

① Stephen Jay Could, *Time's Arrow, Time's Cycle: Myth and Metaphor in the Discovery of Geological Time* (Cambridge, MA: Harvard University Press, 1987), 3.

治的语境中,很多对远古过去的论述恰恰都站在了启蒙的对立面。其中不乏一些喋喋不休的吵闹之士,他们提及深度时间就如家常便饭,他们认为气候科学要么是研究人员为了获取研究经费的阴谋手段,要么是一个建立马克思主义世界政府的幌子。那个很有价值的"值得怀疑的科学"(Skeptical Science)网站给出了一个清单,罗列了最常被利用的关于气候的迷思,而清单的第一条就是深度时间。它的观点是:气候总是在不断地变化,所以气候变化没什么可怕的。正如那些最有学识的全球变暖阴谋论者所鄙夷的:"气候总是在变化的。相信只有最近的气候才是完美的这种观点,其实是自恋主义的一种特殊表现。"① 脱口秀舞台上的"古气候学家"放言:地球1 000年前比现在还要温暖(不对),8 000年前比现在温暖(可能对),12.5万年前比现在温暖(从现在来看是对的),恐龙灭绝以来那一大块时间比现在温暖(总体来说对);那么,既然在深度时间里面曾有这么多的温暖的时期,最近这几十年只不过是调回到了过去的长期的平均值,担心这个简直荒谬可笑。这个观点有时会引向一个简单的逻辑上讲不通的推论:因为过去的气候变化不是人类造成的,所以现在也不可能。当然,这个观点也会以更隐晦曲折的方式显现出来。

顺着这个思路往下想,无论出于何种原因,气候变化总是自然产生的(难道人类不也是自然中的一分子吗?),那么,无论任何时期,都没有理由去担心气温高低。阴谋论者的字典里没有什么不是自然而然的。所有遥远过去出现过的气温都有可能在未来继续出现,那些"大惊小怪"之士不过是在利用人们

---

① Matt Ridley, *The Rational Optimist* (London: HarperCollins, 2010), 329.

对于"变化"这个概念迷信般的恐惧。这种思维方式的本质其实是一种自诩的圣人般的公正立场。从一个完全没有利益冲突的局外人的角度来看,过去几千年人类所经历的气候形态并不比那些更炎热或者更潮湿的气候更令人向往或不堪。在那些更炎热的气候条件下,农业会被击垮,城市会被淹没,可是棕榈树和蕨类植物却可以茁壮生长。地球会变得繁茂苍翠、郁郁葱葱。客观地讲,无论人类的死亡人数是多少,地球都会毫发无损。既然这样的话,对阴谋论者而言,那遥远的地质时代印证了自然无限可能性的存在。

更让人担忧的是甚至有一些善意的环保主义分子对深度时间也有着类似的观点。他们使用深度时间的方式往往与站在他们对立面,最愤世嫉俗、受蒙骗至深的人士的策略有异曲同工之处。以一个环保主义思想者来举例,他会严厉斥责政客只会注意到几年或者几十年这种"时间长河中的涓涓细流"。科林·图哲（Colin Tudge）这样写道,"只有把'环境'这个概念放在漫长的时间中,我们才有可能弄明白其中的奥妙。事实上……除非我们认可以百万年计的时间单位是一个政治上可以接受的时间,不然我们无法真正严肃地看待环境问题"。① 当然这种言论听起来耸人听闻,甚至有点故弄玄虚。如果每一个担心接下来十年会发生什么的人都是不足为道的井底之蛙的话,那么,真正严肃对待环境问题的人也就只剩下一小撮有着良好教育却袖手旁观的观察家们,他们高瞻远瞩,眼高手低。图哲认为一个好的环保主义者应该有着比整日担心全球变暖的

---

① Colin Tudge, *The Day before Yesterday*: *Five Million Years of Human History* (London: Pimlico, 1996), 11 - 12.

偏执狂们更超脱的视野。

所谓的环保警句也有同样的问题,它们用地球历史的分期制造了一些噱头,以彰显现代环境变化的突然性。那个执迷野外的"大师"大卫·布劳尔(David Brower)曾环球旅行,四处演讲。他把我们的星球历史浓缩为《圣经》中创世纪的六天。在星期二的中午生命出现了,接下来的四天中,生命作为"和谐而美好的有机整体"不断发展。可在周六晚上,"在午夜之前的四十分之一秒,工业革命开始了。周围的人都坚信我们在这四十分之一秒中所做的事情可以无限期地继续下去。这些人被看作正常的事,可是实际上他们固执己见,甚至疯狂到了极点"。①

布劳尔的演讲(其实称之为"布道"更准确)曾经在特定的时期和环境中很有影响,自面世以来,他的观点的各种版本也被不断地演绎、流传、转发。可是,把注意力集中在这种半真半假的事实上,恐怕站不住脚。通过制造耸人听闻的话语来烘托一种崇高之感,布劳尔所描述的故事正是通过混淆视听,而非实事求是地清晰论证来厘清人们的困惑的。依据他的布道,只有工业革命才是地球历史中真实发生的事件,这是基于人类从天堂堕落这个原型。过去的两百年被简化为一个愚蠢的罪恶行径的单一瞬间,这个观点的逻辑是把过去发生的事件简化为一个几乎是无限长的单调乏味的时期。繁忙而有生机的人类被放在了其出现前的世界的对立面,那时的世界被动而又一成不变。这种切割简直跟生态视角的观点南辕北辙,后者认为

---

① John McPhee, *Encounters with the Archdruid* (New York: Farrar, Straus and Ciroux, 1971), 79 - 80.

所有的人类生命都置身于星球中各种能量相互作用的网络。布劳尔布道的立足点在于这样一种期望,也就是,可行的环境运动可以从人类某种困惑的感知中自发衍生出来,这种困惑的感知来自人类惊觉于自己并不属于这个星球,而非来自一种被舆论引导产生的生态公民意识。

我想说明的是,无须刻意克制对于破坏生态环境的愤怒,也不必压抑对那些已经被破坏而消失不在的东西所感到的哀伤——这两点对于环境保护的传统都异常重要。同样,充满敬畏地重视地球的远古过去,也无须让人灰心丧气。然而,当把两者放在一起,就意味着需要用那让人无法理解的时间单位去诠释最近的环境变化,而其唯一的价值就是展示了一个象征着人类无限罪责的符号。

对于大卫·布劳尔和全球变暖的阴谋论分子来说,深度时间是一个单一而美好的有机整体。他们对于地质的过去有着相同观点,他们都认为地球历史中出现的所有变化,除了最近这几个世纪,都是自然发生的,而正由于此,地球在此之前基本上是一成不变的,也就是说,不应归于历史的框架中。我们星球中那些永远都在而又无法区分的变化被模糊化了,变成实际上的停滞状态,这也是事情的自然状态。如果深度时间可以被想象成一个单一的、同质的聚合体,那么,只要立场稍微改变,就可能出现原始自然论崇拜者对整个工业革命的苛责,或者对其可能造成的危害的不以为意、嗤之以鼻。对于如何去想象远古过去,肯定有更好的方法。

地球科学让我们对地质时间产生了一种不同的看法,就像一出结尾还没有定型的戏剧。在这个舞台上演的,并不是稳定的自然过程周而复始的发生,而是各种偶然的成功和各种灾难的轮番上阵——这就是地质史（geohistory）。这种想法的出现，部分是出于偶然的原因，最早可见于工业革命最初发生的时与地，这也是某种观点所认为的人类世的起始点。在18世纪末和19世纪初，英国和法国萌生了罗伊·泼特（Roy Porter）所称的"地质的认知观"。地质学，一个崭新的科学由此而生，这个学科是基于这种思想：通过研究岩石层可以分辨出不可再化约的复杂历史，还有某些"灵性的东西"，泼特如此说道。他还认为，地质的认知观是"从地球的悠长的历史出发，从其漫长而重大的演变过程出发，通过调查地层深度来分析地球"；这意味着"解读岩层就是在解读一部充满着巨变、革命、衰落和修复以及地球各种能量之间斗争的自传史"。[1] 这种观点部分具有当时的时代特征，有着浪漫主义时期所推崇的地貌美学特征，还有那种前所未有的横扫欧美的革命激情。这种观点有着长远的影响。根据这个学科的一位权威专家所言，这种方法的出现是"研究地球的科学方法上的一个有进步性的转变，它把历史地解读可见事物的方法注入科学方法中，地球或者广义上讲的宏观的自然世界由此有了自己的历史"。[2]

1800年前后几十年见证了欧洲的自然哲学家对地球物理状态的思考的多方面改变。早先的方法几乎是压倒式的牛顿论调：各种"关于地球的理论"竞相争鸣，试图阐明某种自然法

---

[1] Roy Porter, *The Making of Geology: Earth Science in Britain, 1660-1815* (Cambridge: Cambridge University Press, 1977), 103, 142.

[2] Martin J. S. Rudwick, *Worlds before Adam: The Reconstruction of Geohistory in the Age of Reform* (Chicago: University of Chicago Press, 2008), 558. 同时也参考引用了Rudwick的 *Bursting the Limits or Time: The Reconstruction of Geohistory in the Age of Revolution* (Chicago: University of Chicago Press, 2005).

则，这个法则的运转必须既能解释现今世界的状态，也能决定其未来的发展方向。可是，集中在18世纪90年代的爆发的革命岁月里，古文物历史也被引入对地球的研究之中。参照考古学界对古典时代的研究，欧洲的大儒们开始通过"大自然里的档案馆"来研究"大自然的丰碑"和"大自然的铭文"。这其中所隐含的其实是一个简单而却有建树的想法：当今的世界可能会有不同的面貌。之前所谓的法则和准则或许能给我们地球上形态各样的能量做标识，可是事实上面对解释这些活动如何随着时间推移发生作用这样的问题，这些准则就显得束手无策了。这个过程应该被看作一次性的偶然事件，从而不可能以第一法则去预测。这是一个史诗般的冒险，一出正在上演的、有巨大的能量在互相掣肘的戏剧（这也就是"灵性"的所在）。世界现如今的样子可以说是这种能量冲突作用的结果，充满了偶然性，跟人类战争的结果一样无法预知。地貌和岩石形态不过是那曾经发生过重大战役的丰碑。这个新的思路，简而言之，是"历史性的"，而非"瞬时性的"。现在，这个观点还是地球科学中的重要准则。

我这本书里所想象的人类世的方法，是把现在的环境变化当作这巨大而又翔实的盛会中的有形的一部分。人类世并没有终止自然历史。相反，它把现在这个时间点牢牢地放置于兴起于法国大革命时期的地质历史的叙事中去。人类历史，一开始被看作对地球历史而言有启蒙意义的参照物，后来被看作其越发有力的参与者。确实，"人类世"这个提法更恰当地说是随着广义的现代地球科学发展而出现的理论，促进了18世纪90年代所兴起"历史化冲动"（historicizing impulse）的理论发展。

有些深层历史中偶然、暴力突发的事件其实是后世有这方面讨论空间的时候重建的：19 世纪中叶之前，乔治·居维叶（George Cuvier）向科学领域证明了物种灭绝这个颇有争议的论调，路易斯·阿加西（Louis Agassiz）证明了我们现在的地形地貌是由相对近期的那次冰川期形成的。然而，这个剧本中很多核心要素并非那个时期出现的。达尔文的物竞天择之说（与其相对的是让·巴普提斯特·德·拉马克不那么强调历史性的"演化论"）直到 19 世纪下半叶才公之于众。更广义上讲，对于地质史的这种感性认知需要仰赖以下的观点：地球是非常古老的，可是并非永恒存在的；在查尔斯·莱伊尔（Charles Lyell，经常被称为地质学之父的那位思想家）的影响下，接受这个漫长的时间表也意味着接受一种地球历史的"渐变"史观。也就是说，笃信深度时间似乎意味着承认地球一直都是由沉降和侵蚀等缓慢的物理过程而形成的，并且这种过程如今仍在持续进行。

"演化论"只是在最近几十年才终于被搁置一旁。基本上，当今地球历史的书写范式中，缓慢持续的进程和激变都被认为起着决定性的作用。这个新的研究范式来自 20 世纪末兴起的"新灾难论"的理论转向。① 这意味着地球科学的"历史化冲动"比以往更有活力。这个研究范式的变化并不是由某一种理论突破所引领的，这种新灾难论在 20 世纪 80 年代开始兴起，

---

① 这个新灾难论转向与 17 世纪和 18 世纪的"灾难论"截然不同（尽管这个新灾难论本身再次引发了人们对之前灾难论的崇敬之感）。这个灾难论"传统"是多种理论松散组合的一种类型（这些理论都是在渐变论的框架下展开，看起来有点推测的性质，其中问题不少），该传统通过假定一个或者多个革命性巨变（像是远古时代的山顶洪水）来解释所观察到的地球状态。

该视角中一个突出的案例认为陆地上恐龙的突然灭绝（或者至少说给了它们致命一击），原因是地球被彗星或者小行星撞击，也就是那个希克苏鲁伯火流星。更早的经典案例是一个已被人们所认可的听起来有些耸人听闻的理论，其认为美国的西北部地区是在上个冰河世纪末出现的一次灾难性的洪水中形成的。类似的进程在很多其他的领域也有所发现，比如在古生物学中，史蒂芬·杰伊·古尔德（Stephen Jay Gould）和奈尔斯·艾崔奇（Niles Eldredge）的"间断性平衡"（"punctuated equilibria"）进化论模型就认为相对稳定的周期会偶尔被异域物种的快速形成所打断；再比如，在古气候学这个领域，冰河世纪末的全球急速变暖，以及从"冰雪地球"到多细胞生命开始时迅猛出现的温室气候之间的急速跳跃；还有，在古人类学界尚存争议的人口数量瓶颈和多峇巨灾之间的联系；诸如此类。

"人类世"的概念是在这个语境中展开的。工业现代性作为一个新灾难论的概念，并不是被看作猛烈地着陆于平静地球上的一股外来的能量。恰恰相反，人类世把当前出现的生态变化看作地球一系列的剧变中最新的一环（有些对地球生物圈造成极其致命的破坏）。这些生态变化来自地球系统内部，并在其中不断地回响震荡。把环境困境安置于这样的框架中，便能把环境问题和过去的两个世纪中我们越来越了解的地球历史的叙述联系在一起。而反过来，当面对危机的时候，这样的阐释或许也使我们有更有效的应对思路。

循环、环流和反馈回路

另一方面，如果地球的基础生物和化学进程总是那样充满活力的话，那么有理由去质询现今人类对环境的影响是否在根本上有别于其他类型的影响。如果想使得人类的影响在地质年代中不至于失声的话，人类活动的信号必须要足够强。的确，想找到人类深远影响的痕迹没有那么难。现今有关深海垃圾的纪录是一个罐头，它在太平洋西北部琉球海沟的水下七千米处被潜水器发现。而在地球的另一端，南极洲的设得兰群岛上，除了两个本地的植物种子，现在新增了第三个物种，这个入侵物种是一种一年生蓝草。这种植物生命力旺盛，经常作为草坪用草，特别是拿来做高尔夫球的果岭用草。① 可是喝水的瓶子会腐烂，而生态系统的物种组成也是在不断发生变化。像这样的例子并不能告诉我们地球在多大程度上已被人类活动所塑造或者毁坏。或许，有些受到影响，有些还没有受到影响：那些最可见的伤疤可能远远小于健康的组织。毕竟，地球拥有很大的面积。在我们开始判断是否一个新的时代确实已经来临，又或者"人类世"是否因此是个合适的名字之前，我们需要审视人类活动对地球系统影响的规模，而这种研究应该是在将地球作为整体的背景下展开。

每个人按 50 公斤算的话，人类的体量加起来超过 3.5 亿吨。然而，当衡量生物量的时候，学者并不经常关注这种未经处理的数据（毕竟这 3.5 亿公吨的大部分成分都是水而已）。相反，学者会计算生物体中所含碳的总量，因为碳是地

---

① Hiroshi Miyake, Haruka Shibata, and Yasuo Furushima, "Deep-sea litter study using deep-sea observation tools," in *Interdisciplinary Studies on Environmental Chemistry*, vol. 5, ed. K. Omori et al. (Tokyo: Terrpub, 2011), 261 - 269; Maria Olech, "Human impact on terrestrial ecosystems in West Antarctica," *Proceedings of the NIPR Symposium on Polar Biology* 9 (1996): 299 - 306.

球上生命的核心组成成分。这么说吧，人体包含了 6 400 万吨的碳，而同时，在这个世纪初的时候，人类饲养的动物也包含超过 1.2 亿吨的碳，主要出自牲畜。与这些庞大的数字形成巨大反差的是，所有的陆地野生哺乳动物，从犰狳到大象，加起来也才 500 万吨。而这种差距愈加明显。另一方面，陆地植物的碳含量也远远超过了哺乳动物的碳含量，总量大约有 5 500 亿吨。在这方面，人类的影响是巨大的。尽管这个数字的量级很大，可是人为造成的森林退化和土地使用的变化意味着在接下来的两个世纪中会减少大约 2 000 亿吨的碳。①

海洋的情况更具有不确定性。海洋中含有超过 13 亿立方公里的盐水（也就是超过 1.3×10^{18} 吨），其中除却 3 000 万立方公里以外的水域都暗如黑夜，而这个水域以下的沉积层（有些地方深达 10 公里）又是另外一个庞大的生物栖息地。这个黑暗水域的微生物生态系统及其海床至今基本上还没有被人类活动所扰动。尽管这个水域规模庞大，可是还不至于大到超过陆地上人类控制的生态系统，甚至它们根本不属于同一个量级。一个比较高的估测认为生活在沉积层简单原核生物（包括细菌等）的碳总量大概在 3 000 亿吨左右。最近的一个研究估测的数字只有之前的十分之一，而黑暗水域的原核生物可能不会超过这个最新的数字的十分之一。黑暗水域当然同样也包括某些鱼类和微型动物群，但事实上，这个水域的生态结构相对空白。在狭窄的有光照的表层水域之下生物量减少了 99%，而海洋里超过三分之二的主要生物活动都是在这个表层水域发

---

① Vaclav Smil, "Harvesting the biosphere: The human impact," *Population and Development Review* 37, no. 4 (2011): 613-636.

生的。①

海洋中比较有生命力的区域是表层水域和大陆架，而人类活动对这里的摧毁性要远超于其在陆地上的影响。20世纪末的一个比较保守的估测认为每年的海底拖网作业（通过拖网而破坏了海床）覆盖的范围有半个大陆架那么大。② 从整体上看，90％的海洋生物存活于大陆架之中，而那里超过三分之一的生物繁殖已由渔业接管。尽管如此，这还远远不足以维持水产捕捞业。野生鱼的数量递减已经陷入万劫不复的境地，这也就是为什么自20世纪80年代以来尽管工业捕捞作业的手法空前凶残，全球范围内的总捕捞量却在缩减。北海几乎已经被掏空了，那里的大型鱼类（超过四公斤的鱼）比之前减少了97％。世界范围内的海象、海鬼、牡蛎、大型鲸鱼，还有大型海洋捕食者的数量大致上都减少了85％。加勒比僧海豹曾经一度数量众多，多到"所有加勒比海的珊瑚礁里的鱼都不足以维持它们的数量"；而现在它们已经灭绝了。③ 加勒比海的珊

---

① William B. Whitman, David C. Coleman, and William J. Wiebe, "Prokaryotes: The unseen majority," *Proceedings of the National Academy of Sciences* 95, no. 12 (1998): 6578–6583; Beth N. Orcutt et al., "Microbial ecology of the dark ocean above, at, and below the seafloor," *Microbiology and Molecular Biology Reviews* 75, no. 2 (2011): 361–422.

② Les Watling and Elliott A. Norse, "Disturbance of the seabed by mobile fishing gear: A comparison to forest clearcutting," *Conservation Biology* 12, no. 6 (1998): 1180–1197.

③ Jeremy B. C. Jackson, "Ecological extinction and evolution in the brave new ocean," *Proceedings of the National Academy of Sciences* 105, supplement 1 (2008): 11458–11463; Daniel Pauly, Reg Watson, and Jackie Alder, "Global trends in world fisheries: Impacts on marine ecosystems and food security," *Philosophical Transactions of the Royal Society B* 360 (2005): 5–12.

瑚礁比之前减少了五分之四。① 北大西洋捕食鱼类的生物量在20世纪中叶也遭受严重的削减，在世纪末的时候又减少了三分之二；南部海洋中鲸鱼的数量在1985年前的80年间减少到了原来的七分之一。这预示着"海洋捕捞已经到达了理论临界点"：大部分的水产捕捞业都面临着过度捕捞的问题，很可能不久之后人工饲养的鱼类数量（或者被捕捞用于喂养人工饲养的鱼类）会超过捕捞的量。②

全新世海洋生态系统的一个主要特点是丰富的食物网络，鲨鱼、鳕鱼、金枪鱼等以捕食各种各样的浅水饵料鱼为生。地球的海洋出现一个新常态，食物金字塔逐渐变得扁平，而海藻、鞭毛藻类、水母的数量经历更为短暂快速的繁盛和萧条的周期循环。浅水地区生物栖息地遭到破坏，受到补贴的渔船舰队在深海穿梭作业；化学肥料和杀虫剂的径流造成围绕大陆的夏季死区；壁虱、寄生虫和入侵物种大量繁殖；海洋酸化；来自水产养殖业的污染；由于表层水域水温上升，深层水源上涌受阻；而这些现象产生的协同作用对于那些投机的食腐生物的生存非常有利，它们的生息繁衍是由疾病和季节性的资源枯竭所控制的，是以那些生命周期较长的捕食者和复杂的珊瑚礁生态群的生存为代价的。

总的来说，地球上现今存活的非饲养的脊椎动物（个体，而非物种）数量在1970年至2010年之间减少了大约52%。

---

① Elizabeth Kolbert, *The Sixth Extinction: An Unnatural History* (London: Bloomsbury, 2014), 141.

② J. R. McNeill, *Something New under the Sun: An Environmental History of the World in the 20th Century* (London: Penguin, 2000), 137, 243, 251 - 252; Daniel Pauly et al., "Towards sustainability in world fisheries," *Nature* 418 (2002): 689 - 695.

一半的野生动植物，四分之三的淡水动物。①

关于数量结构的大趋势的讨论暂时到此为止。可是地球的物理表层又如何呢？总的来说，在未被冰层覆盖的土地上，人类活动的区域大概占了29%，这个区域包括聚居地、耕地，还有砍伐森林后腾出的畜牧用地。更广义上的一个估测认为未被冰层覆盖的土地中7.8%的部分可见人类的"聚居"；16%是耕地的生态系统，其中至少五分之一的土地正处于耕作之中；33.5%基本上不怎么受到管理的牧场，其中的五分之一被用于放牧；17.5%的土地处于半自然的状态，"其土地面貌已经发生完全的改观"，可是其中只有少于五分之一的土地是城市或者农业用地。加在一起，就只剩下陆地的四分之一的土地（主要是生物繁殖活动最弱的区域）能被称作"荒野"。在美国，单是草坪用地的总量加起来就有爱荷华州那么大。②

每一年采矿和建筑行业里人为搬运的物质有300亿到570亿吨。这个总量大概与河流冲刷到海洋的沉积物相当：每年大概在80亿吨到510亿吨左右。③ 然而，人类用更为间接的方式造成了更大规模的沉积物的迁移，比如说农业耕种而造成的水土流失。总的来说，"人为造成的"沉积物和岩石的"剥蚀

---

① R. McLellan, L. Iyengar, B. Jeffries, and N. Oerlemans, eds., *Living Planet Report 2014* (Gland, Switzerland: World Wide Fund for Nature, 2014).

② Erie C. Ellis, "Anthropogenic transformation of the terrestrial biosphere," *Philosophical Transactions of the Royal Society A* 369 (2011): 1010–1035; Paul Robbins, *Lawn People* (Philadelphia, PA: Temple University Press, 2007), xiii.

③ Andrew Goudie, *The Human Impact on the Natural Environment: Past, Present and Future*, 7th ed. (Chichester, U.K.: Wiley-Blackwell, 2013), 172–173.

速率"大致是其他所有因素加起来的十倍之多。① 也难怪这就造成了很切实的后果。每年水土流失使人们被迫放弃成千上万平方公里的耕地(面积几乎有韩国国土那么大)。这意味着在过去的五十年间水土流失造成了地球上至少三分之一的耕地白白流失。除此之外,还有过度放牧和森林退化所造成的水土流失。在边远地区靠耕种存活的农民是受影响最大的群体,他们很难获得石油基的肥料去给土地施肥,以致无法依靠所剩无几的土地来养活自己。伴随着土壤的退化而来的,还有水资源短缺、蓄水层枯竭、气候变化、体制化的寄生主义、农业剩余产品倾销,以及在全球南部出现的由于内乱所造成的人口不断向城市周边饱受污染的贫民窟流动,从 2000 年到 2012 年间贫民窟的人口从 7.6 亿涨到了 8.62 亿。② 因此,水土流失和社会暴力是紧密联系在一起的,这里有一个生动的例子,在 2014 年巴尔干地区由于山洪造成的山体滑坡暴露并引爆了内战时期遗留下来的地雷。③

粮食生产和人为造成的水土流失如今左右着地球系统中最基本的生物化学循环,就像氮循环和磷循环,这两者对于所有生命来说都异常重要。现代农业之所以能够产生,原因是人类对地球氮系统的大规模重塑,这是自"25 亿年前氮循环开始

---

① Bruce H. Wilkinson, "Humans as geologic agents: A deep-time perspective," *Geology* 33, no. 3 (2005): 161–164.
② David Pimentel, "Soil erosion: A food and environmental threat," *Environment, Development and Sustainability* 8, no. 1 (2006): 119–137; United Nations Human Settlements Programme, *State of the World's Cities 2012/2013* (New York: Routledge, 2013), 151.
③ Andrew MacDowall, "War-torn and impoverished, Bosnia faces rebuild once again after floods," *Guardian*, May 26, 2014, www.theguardian.com.

以来"从没有过的。种植豆类、燃烧化石燃料、用哈伯博斯制氮法制造化学肥料等人类活动几乎使全球的活性氮含量翻倍。此外,每年生产的化肥大约会消耗1 400万吨的磷,而这些磷又是来自对不可再生资源磷矿的开采。每年新增的流入耕地的磷绝大部分来自化学肥料,大约有2 300万吨,而每年又有3 300万吨之多的磷从耕地中流失,其中随水土流失而散逸的磷大约有2 000万吨,剩余的一小部分被粮食作物所吸收。磷的水土流失是水体富营养化的主要原因:水性浮游植物大量吞食磷,并且吸入周边的氧气,使得周围的水域变成艳绿色,从而导致其他生物无法生存。在世界范围内,相比农耕前时代,现在流入海洋中磷的总量是那时的两到三倍。因而,采矿——水土流失——水体富营养化这种单向的流动破坏了相对封闭的磷循环。以现在这个速度进行下去的话,这个流动趋势会在120年以内耗尽已知的磷储量,同时,对于那些负担不起磷肥的国家来说,它们将面临严重磷不足的问题。①

动物饲养场的污水排放造成了更高浓度的磷。单就美国来说,每年农场饲养动物的粪便排放量高达每秒钟40吨。② 史密斯菲尔德是美国最大的猪肉生产商,这家公司把饲养地的粪便等污物排放到其称为"排泄湖"的地方。有些"排泄湖"大到有一公顷的面积,九米的深度,里面的粪便会时不时地被喷洒到周边的农田中,有时会渗透到周边的湖泊、河流和湿地中。这些污物中包含了硫化氢、氰化物、各种重金属,以及

---

① Donald E. Canfield et al., "The evolution and future of Earth's nitrogen cycle," *Science* 330 (2010): 192 - 196; Yi Liu et al., "Global phosphorus flows and environmental impacts from a consumption perspective," *Journal of Industrial Ecology* 12, no. 2 (2008): 229 - 247.
② Jonathan Safran Foer, *Eating Animals* (London: Penguin, 2010), 174.

"能使人致病的一百多种微生物病原体",甚至还有猪的死胎、胎盘,能够让饱受摧残的猪活下来的各种药物的残留。工业养猪废料的复杂化学成分意味着这个烂臭的"排泄湖"的颜色不是棕色的,而是粉红色的。("粉红色的排泄湖是健康的,"史密斯菲尔德公司的发言人回应外界的质疑时如此回答,还夸口说,"联邦政府从未要求,更别说强制史密斯菲尔德对排泄湖系统进行改造。")①

在远洋之中,如果对北太平洋中央环流表层海水——俗称"太平洋垃圾带"——进行取样,会发现这里的浮游生物由于塑料颗粒的附着,比正常情况下重了六倍之多,并且这些塑料颗粒会顺着食物链往上走,滤食性生物、鱼类和鸟类都深受其害。人为造成的二氧化碳使得表层海水中的氢离子浓度(也就是水的酸性)增加了耸人听闻的 26%。② 最近的一项研究表明,格陵兰岛的冰层很可能可以快速地阻断北大西洋中的沉降流。这个沉降流意义重大,它控制着整个海洋的循环系统,也驱动着地球表面能量的运动。

考虑到生物圈结构和地表化学结构的变化规模之大,或许有点让人难以置信,但近期也只有不到百分之一的物种彻底灭绝了。尽管最近几十年的物种灭绝包括印尼虎中的两类

---

① Jeff Tietz, "Boss hog," *Rolling Stone*, December 14, 2006, www.roIIingstone.com; Smith field Foods, "*Rolling Stone*'s 'Bosshog' article: Fiction vs. fact," December 15, 2006, www.smithfieldfoods.com/newsroom/press-releases-and-news/rolling-stones-bosshog-article-fiction-vs-fact.
② C. J. Moore et al., "A comparison of plastic and plankton in the North Pacific Central Gyre," *Marine Pollution Bulletin* 42, no. 12 (2001): 1297–1300; Thomas F. Stocker et al., eds., *Climate Change 2013: The Physical Science Basis*, IPCC Fifth Assessment Report (Cambridge: Cambridge University Press, 2013), 52. 后者是第五次报告四卷本的其中一卷。

亚种，以及野山羊、水獭、乌龟和犀牛的几个亚种，还有海豹、海狮、海豚的某些种类。可是要知道，当前的这波物种灭绝相比地球高级生物出现后的五次物种大灭绝还是小巫见大巫。在那几次大灭绝中，物种的数量减少了75%之多。

可是，物种灭绝的数据揭示的也不是整个故事的全貌。很多物种正在经历着数量的骤减，抑或在它们的栖息地中大范围地消失，更甚者，面临彻底灭绝的危险。假如说目前所有处于"濒危状态"的物种在接下来的几百年间都将灭绝（这并不是一个悲观的假设），并且物种的灭绝以目前的速度持续进行，那么，大概需要1 500年的时间全球四分之三的哺乳动物才会灭绝，大约2 300年的时间四分之三的鸟类才会灭绝，890年的时间四分之三的两栖动物才会灭绝。人类距离第六次基因种类大范围削减还有一定的时日，不过人类正朝着这个方向前进，而这都发生在一个短暂的地质时期。① 目前，国际自然保护联盟草拟了一个红色清单，涵盖了高风险濒危物种及低风险濒危物种。这个清单将所有哺乳动物物种的25%，也就是1 143个物种拟定为濒危物种；鸟类的数字是13%（1 308个物种），两栖动物是41%（1 950个物种）。总的来说，总共有超过21 000种物种被列为濒危物种。② 屈指可数的几种人工圈养的农产品物种的品种与日俱增，它们逐渐替代了日渐凋零的

---

① Anthony D. Barnosky et al., "Has the earth's sixth mass extinction already arrived?" *Nature* 471 (2011): 51-57. 关于脊椎动物灭绝程度的探讨，请参考: Gerardo Ceballos et al., "Accelerated modern human-induced species losses: Entering the sixth mass extinction," *Science Advances* 1, no. 5 (2015), doi: 10.1126/sciadv.1400253.

② *The IUCN Red List of Threatened Species*, www.iucnredlist.org/about/summary-statistics.

野生物种。未来的趋势是，多元生态系统将消失，取而代之的是虫病肆虐的、密集的单一作物，但唯有如此才能实现肥料供给最大化。音乐成了白噪音。

物种灭绝和人类的日益贫困息息相关。维多利亚湖自从1954年引进了尼罗河鲈鱼，其特有的大约两百种鱼类已完全灭绝。本来引进这种鲈鱼的目的是为了发展渔业，这个目的确实实现了。可是生活在湖岸边的人们却出现了严重的营养不良现象，以至于十分之四的儿童都发育不良。究其原因，饲养这种大型鲈鱼需要昂贵的渔船、鱼类处理厂，以及打入富裕国家消费市场的门路，拥有这些资源的人赚得盆满钵满，而渔民却越发窘迫。湖边家庭的孩子主要是由母亲照料和喂养的，可是女性却基本无法进入渔业，而只能从事一些周边商业活动，比如处理鱼的废弃物或者在破旧的湖畔小镇里卖身做妓女。正是这样，生态危机和人道危机在慢慢地吞噬着维多利亚湖，尼罗河鲈鱼的食性与种族、国家（这个湖为坦桑尼亚、乌干达和肯尼亚所共有）、阶级和性别问题交织到了一起。①

当然，还有气候变化这个议题。在过去二十年国际气候变化艰难磋商的过程期间，就又有巨大的热能（听起来不怎么好听，大致相当于四颗广岛原子弹每一秒所迸发出的威力）在海洋和大气中聚集。哥伦比亚的大部分冰川现在都消失殆尽了，乞力马扎罗雪山百分之八十的雪也不复存在了，曾经作为世界上最高的滑雪赛道的玻利维亚恰卡塔雅冰川现在也完全融化不

---

① Kim Gehab et al., "Nile perch and the hungry of Lake Victoria: Gender, status and food in an East African fishery," *Food Policy* 33, no. 1 (2008): 85–98.

见了。位于南极洲西部,足有2 479平方公里,面积相当于卢森堡和七个格林纳达的拉尔森B冰架在2002年早期的时候由于温度达到了一个转折点,只花了不到三个星期的时间就融化成了多个漂浮的冰山。①

然而,迄今为止我们也只是看到了气候系统变化的开端。从1750年到2011年,由人类行为主导的化石燃料的燃烧以及土地使用的变化向大气释放了5 500亿吨的碳,主要是以二氧化碳的形式排放的。2 400亿吨的碳遗留在了大气之中;剩下的一半被地面的生态系统吸收了,另外一半被海洋吸收了。② 举个例子来比较一下,上一次冰河期末期有2 000亿吨的碳由海洋转移到了大气中。这是气候变化的关键要素(但并不是唯一的要素,那时跟现在一样有着各种反馈机制),导致22 000年前和8 000年前之间地球的气温出现了至少4.9摄氏度的变化。较早的那个时间点指的是上一个冰川期最冷的时候,那时候加拿大中部的冰层有超过三公里那么厚,冰雪几乎覆盖了地球表面十分之三的土地,北极苔原从阿尔卑斯山的北部一直绵延到蒙古。而那个较近的时间点是全新世早期最温暖的时刻,那时候地球的气温比工业革命之前的气温还要高0.7

---

① A. Rabatel et al., "Current state of glaciers in the tropical Andes: A multi-century perspective on glacier evolution and climate change," *The Cryosphere* 7, no. 1 (2013): 81–102; Fred Pearce, *With Speed and Violence* (Boston: Beacon, 2007), 182; Wolfgang Rack and Helmut Rott, "Pattern of retreat and disintegration of the Larsen B ice shelf, Antarctic Peninsula," *Annals of Glaciology* 39 (2004): 505–510.

② Stocker et al., *Climate Change 2013*, 50–52.

摄氏度。① 现今世界上所有探明的化石燃料储量中碳含量大致在7 800亿吨，而全球经济的运转基于一个很奇妙的推测：不久以后所有的这些化石燃料都会被开采焚烧完毕。②

这么说可能很残酷，但是目前为止，种种把气候变化控制在最小范围内的努力或许都是徒劳的——残酷，大概也正因为这有点自证预言的意味。可是，反馈机制已经被触发，这意味着没有哪种人类的力量能够阻止这些正在发生的变化。整个北美西部，高温正在使松树逐渐枯竭，同时也使山松甲虫变得异常活跃。自从20世纪末以来，一场比以往规模更加巨大的甲虫虫灾一直持续，肆虐至今。从（美国）科罗拉多州北部到（加拿大）育空边缘地区范围内，数十万平方公里的松树林大面积死亡，而在森林死亡的过程中它所贮存的碳元素不断地被释放，又让气温更加升高。这一次甲虫虫灾的爆发可能就给大气中增加了多于2.5亿吨的碳。③ 从现今的标准来看，这个单独的案例真是九牛一毛：这不过是数不尽丑恶现状中的一例而已。

---

① Jeremy D. Shakun and Anders E. Carlson, "A global perspective on Last Glacial Maximum to Holocene climate change," *Quaternary Science Reviews* 29, no. 15-16 (2010): 1801-1816; Shaun A. Marcott et al., "A reconstruction of regional and global temperature for the past 11 300 years," *Science* 339 (2013): 1198-1201.

② Carbon Tracker Initiative, *Unburnable Carbon 2013: Wasted Capital and Stranded Assets* (2013), www.carbontracker.org; Christophe McGlade and Paul Ekins, "The geographical distribution of fossil fuels unused when limiting global warming to 2℃," *Nature* 517 (2015): 187-190. 7 800亿吨的碳相当于2.86万亿吨的二氧化碳，这大概是世界上的可采储量，可开采化石资源的总量原则上讲要远大于这个数额。

③ W. A. Kurz et al., "Mountain pine beetle and forest carbon feedback to climate change," *Nature* 452 (2008): 987-990.

最大规模的气候反馈的基地深藏在热带雨林、泥炭地,还有遥远的北方苔原之中,这里藏有百亿吨级别的碳。永久冻土的地区拥有庞大的碳储量,这里长年累月的严寒导致有机物质的循环无法正常进行。可是,高纬度地区变暖的速度在全球范围内是最快的,西伯利亚规模巨大的泥炭沼泽正逐渐融化为漫水的平原之地,而其中又不断涌起泡沫,这些泡沫中含有甲烷(这可是比二氧化碳更强有力的温室气体)。这些气候变化反馈的一个很残酷的事实是,如果我们限制人为的直接排放量,那么气候反馈机制的效果也会更加显著。我们假设地球对气候的作用力异常敏感,同时化石燃料的排放量在接下来的几年间也大幅度削减,那么到 21 世纪末,永久冻土的融化可能会为全球变暖增加 0.73 摄氏度,三个世纪后温度则会增加 1.62 摄氏度——这是基于一个相对保守的模型所估算的,只是计算了二氧化碳的排放,没有考虑甲烷的排放。在气候系统中新能源总是不断涌现。高速进行的全球变暖并不是一个未来会出现的威胁,而是地球的一个新的状态。自 1880 年有气温监测以来最热的十六个年头中,21 世纪的头十四年间就占了十四个。另外那两个比较热的年份是厄尔尼诺现象导致的,分别出现在 1997 年和 1998 年。①

现在有些地方发生的转变规模之大,堪称史无前例。香港城区的四分之一,大约 67 平方公里的土地,已经被海水吞噬。中国的南水北调工程在其竣工之际,每年会把 450 亿立方米的

---

① Andrew H. MacDougall, Christopher A. Avis, and Andrew J. Weaver, "Significant contribution to climate warming from the permafrost carbon feedback," *Nature Geoscience* 5, no. 10 (2012): 719–721; NOAA National Climatic Data Center, www.ncdc.noaa.gov.

水运往其幅员辽阔的全国各地,这会是人类有史以来最大型的建筑工程。① 2004年,在南大西洋温暖海域,第一次形成飓风,造成巴西的山体崩塌。南极洲东部是地球上人类最难以到达的地区,那里的降雪量正逐步增加,这与降水格局总体往极地方向转移有关。

上帝曾如此说道:"海水冲出,如出胎胞,那时谁将它关闭呢?谁为雨水分道,谁为雷电开路,使雨降在无人之地、无人居住的旷野?"

而人答道:"其实,是我干的。"

---

① Mee Kam Ng, "World-city formation under an executive-led government: The politics of harbour reclamation in Hong Kong," *Town Planning Review* 77, no. 3 (2006): 311–337; Kenneth Pomeranz, "The great Himalayan watershed: Agrarian crisis, mega-dams and the environment," *New Left Review*, n. s., 58 (2009): 5–39.

第二章　人类世的版本

21世纪初,对于我在上一章所描述的灾难出现了这样一种说法,它正在变得越来越流行也越来越富有争议。"人类世"这个词变成一个时髦的词语,而正因此,它融入了一些互不相容的含义,每一个含义都包含了很多不同的概念和允诺。这个词的复杂性意味着,如果你在使用"人类世"的时候不道明你所指的版本的话,那么人们将一无所获。当你真正所针对的只是"人类世"的一个特定的使用方法时,那么一概而论否定这个词就显得尤其徒劳了。尽管如此,由于可想而知的理由,最近"人类世"还是被很多作家当成一个笼统的概念贩卖兜售。不怀好意的批评家们斥责这个词有专横的普世性——这个词对加拿大亚伯达省石油大亨和马达加斯加捕鱼为生的渔民之间的区别轻描淡写、不加区分,暗示人类作为一个整体应该为生态环境的退化负全责。然而,如果我们从历史的角度思考地球系统是如何运行的,则可能为这个争议的核心问题打开另一种思路。我认为人类世某个特定的版本可能对于绿色环保政治有着实际效用和推动力。从地层学入手探讨人类世的方法着重强调人类世是一个新出现的地质断代的时间区段,它为思考存在于人类之间的关系和地球物理学各种能量的势能关系提供了新的思维方式。

我们不再处于全新世了

亲历者讲述的故事是这样的。20世纪最后一年的早些时候在墨西哥城城外开了一个有关地球系统的会议,参会人员讨论了全新世,也就是官方意义上的地质断代,包括当下。会上有一名听众明显有一种突然的、奇特的恶心之感。保罗·克鲁岑(Paul Crutzen)是地球科学领域的知名学者,他以发现臭氧层空洞而闻名于世。不久之前,他获得了诺贝尔化学奖。就在会议上,他突然产生一个新的想法,并找到了合适的词去描述它——一个新的概念呼之欲出。"别再用'全新世'这个词了,"他对与会代表说道,"我们不再处于全新世了。我们在……在……人类世!"(由于口耳相传,当时他具体用了哪些词可能有所出入。)整个屋子都安静了。"每个人都震惊了。"然后,会场的对话才嗡嗡响起,"有人走到克鲁岑跟前,建议他给这个词申请专利"。[①]

克鲁岑一时冲动发表了一通言论,这个小插曲给人类世研究带来一个迷人而又难忘的开端——"人类世"的本意,很显然,大概是"人类的纪元"。可是科学史专家大都对那种恍然大悟的尤里卡时刻(Eureka Moment)持有一种坚定不移的怀疑。类似于"人类世"这样的一时兴起的命名,在解释科学范

[①] Christian Schwagerl, *The Anthropocene: The Human Era and How It Shapes Our Planet* (Santa Fe: Synergetic Press, 2014), 8 - 10; Fred Pearce, With Speed and Violence (Boston: Beacon, 2007), 21; Elizabeth Kolbert, *The Sixth Extinction: An Unnatural History* (London: Bloomsbury, 2014), 107 - 108.

式的转向时通常并不会受到太多的关注。克鲁岑也明确指出，这个概念的萌生要比传闻所说的那个版本更加繁复冗长。而后，他迅速地草拟了一份文件，阐明了自己对于人类世的看法，并低调地选择了在国际地圈生物圈组织（即墨西哥会议的组织方）的 2000 年 5 月的内部通讯中见刊。这个文件是他和美国生态学家尤金·斯多耶默（Eugene Stoermer）合著的。当时，斯多耶默还是一个研究藻类光合作用的学生，但克鲁岑发现斯多耶默早在 20 世纪 80 年代就已经在非正式场合使用这个词了。克鲁岑和斯多耶默在文中罗列了一些早期的类似理论：乔治·马什（George Marsh）有前瞻性的对话录《人和自然：或，被人类行为所塑的自然地理学》(*Man and Nature*; *or*, *Physical Geography as Modified by Human Action*)；还有意大利地质学家安东尼奥·斯托帕尼（Antonio Stoppani）在 1873 年有关"人类世纪"（Anthropozoic era）的宣言；弗拉基米尔·沃尔纳德斯基（Vladimir Vernadsky）具有开创性的理论，探讨了生物圈及其发展的巅峰人类圈，亦称"理性之境"。后来他们引证了生物学家 E. O. 威尔逊（E. O. Wilson）的观点，还有科学作家安德鲁·列夫金（Andrew Revkin）的论述，列夫金曾在 20 世纪 90 年代不经意地提出了"人类之世"（Anthrocene）这个概念。另外一些学者追溯到地质科学的最初时代，比如说 18 世纪的自然主义者布丰伯爵（Comte-de Buffon）在其著作里所触及的类似内容。①

---

① Clive Hamilton and Jacques Grinevald 概述了这些先驱，并且强调了克鲁岑概念的新颖性，请参考："Was the Anthropocene anticipated?" *Anthropocene Review* 2, no. 1 (2015): 59 - 72. On Buffon, see Noah Heringman, "Deep time at the dawn of the Anthropocene," *Representations* 129 (2015): 56 - 85.

克鲁岑和斯多耶默的那篇内部通讯已经阐明了他们想法中宏大的视野。他们如此写道,若能阻止全球性的灭顶之灾的降临,"在接下来几千年,甚至几百万年的时间里,人类将依旧会是一股影响地质的重要势力(a major geological force)",因此,"对于我们来讲,在当前的地质时期,使用'人类世'这个术语恰如其分,因为它强调了人类在地质活动和生态环境中的核心角色"。他们认为,这个新的地质期始于18世纪晚期,当时大气中的甲烷和二氧化碳含量明显增加,由此开启了一个新的时期——"人类活动在全球产生的效应变得很明显"。他们补充道:"这个开始的时间点正好和詹姆斯·瓦特(James Watt)发明蒸汽机的时间(1784年)重合。"① 之后的事实表明,如何确定人类世开始的时间远没如此简单,但无论如何,这是首个对人类所代表的地质断代的描摹,它对后世有着长远的意义。

2002年1月,克鲁岑在流通更广的学刊《自然》(Nature)上重述了他关于人类世的想法。这篇文章的发表标志着这个概念在科学领域获得了广泛认同。具体而言,这篇文章有超过1 000次的引用。尽管这篇文章比那篇通讯还要短,并且重复了之前的观点,克鲁岑还是借机发表了两个新的重要观点。第一个观点是一个简要的声明,这在之前的通讯文中是没有的,指出这些带来一个新世代的变化"主要是由世界人口中的25%造成的"。第二个观点是一个大胆的畅想:顺应人类世发展的"可持续环境管理",比如"以优化气候为目的、国

---

① Paul J. Crutzen and Eugene F. Stoermer, "The 'Anthropocene,'" *IGBP Newsletter*, no. 41 (2000): 16-18.

际通行认可的、大规模的地质工程项目"[1]。这两个主题——一个指出地球上不同地区的人群对全球变化有着非常不一样的责任,另一个则明显倾向用地质工程的方法来解决全球变暖的问题——在后期人类世的讨论中都异常重要。

克鲁岑在《自然》上发表的重要文章是第一篇对于人类世的经典表述。他的腔调很清晰、人性化,也很自信;他认可技术的力量;他的论调体现了一定的社会意识,却不向任一方倒戈;对地球的状态尽管流露着悲观却并不绝望;谈到人类对环境的总体影响时又有权威之感。这个人类世代的概念引起了广泛的共鸣,这一想法开始迅速地流传,没多久就在地球科学的一系列学科当中慢慢传扬,甚至在其他学科中也开始散播。与此同时,克鲁岑的名字开始在人文地理和地缘政治的文章中出现,甚至也出现在了面向大众的环境题材的书籍中。

很多读者仍然能在这两篇最早的文章中找到关于人类世有价值的东西。可是任何严肃对待人类世的研究者应该意识到,斯多耶默和克鲁岑的第一篇通讯并不代表着这个概念的唯一版本或其恒久不变的本质,抑或其真正的科学内涵。事实恰恰相反,人类世这个想法一开始就有发散裂变的潜质。不同的领域对这个概念的理解各有不同。或许我们能触及一些对这个概念的主流的解读(我们须谨记关于什么是"主流"的共识时时在发生变化),但是并没有哪个版本的"人类世"可以被我们认定为一般意义上的主流版本。

最能说明以上情况的事实就来自克鲁岑本人,他自己的看

---

[1] Paul J. Crutzen, "Geology of mankind," *Nature* 415 (2002): 23.

法就出现了多次改变。在和环境历史学家约翰·麦克尼尔（John MacNeil）合作的时候，克鲁岑就提出人类世是多个变化日积月累的结果，而不是像他最初提议的那样。在这个修订版中，大气中二氧化碳的含量是"观察人类世发展的简易明了的单一指标"，但据他的说法，这个新的世代的出现分为两个阶段。第一阶段始于"1800—1850"，也就是英国化石燃料工业化有突破性发展的时候。这个修订版本同时指出，直到19世纪中叶，二氧化碳浓度的变化实际上并没有跳出之前一万年的那个波动区间。总体而言，这个新模型把人类对环境影响的第一阶段视为快速增长而非爆发式增长。根据这一理论，经济的飞速增长始于维多利亚自由主义经济鼎盛的19世纪50年代，而后来的"一战"和大萧条阻碍了经济的发展。人类世的第二阶段始于1945年以后的"大加速"（Great Acceleration）时期。当时，"人类组织"（human enterprise）开始呈级数增长。此分析是基于一些反复被刊载的图表，其中显示了包括人口水平、全球GDP、化肥消耗、纸张消耗、外国投资、国际旅行等等的数据，在20世纪中叶出现了一次几近垂直的飞跃。于克鲁岑和他的合作者而言，这些图表揭示了人类世已经破茧而出、振翅飞舞了，因为这些数据与人类向地球的"生命维护系统"施加的压力同步增长。[1] 完全的人类世的出现或许比最初的那个版本要更晚。

---

[1] Will Steffen, Paul J. Crutzen, and John R. McNeill, "The Anthropocene: Are humans now overwhelming the great forces of nature?" *Ambio* 36, no. 8 (2007): 614-621. 有关大加速图表更翔实、具体、周到的分析，请参照：Will Steffen et al., "The trajectory of the Anthropocene: The Great Acceleration," *Anthropocene Review* 2, no. 1 (2015): 81-98.

新的含义

克鲁岑关于人类世的这两个版本并不曲高和寡。这个术语被提出后的十年中,在很多其他场合也被作为他用,这样它也衍生出了更广的定义。克鲁岑把人类世开始的时间推进到更接近现在的时间,另外一名杰出的研究星球大气的学生却向更远的时间推进。"人类世其实早在几千年前就开始了,"威廉·拉迪曼(William Ruddiman)论证道,"这是农业的发明和随后其他种植方面的技术创新带来的后果。"冰芯的记录似乎显示,与之前的时期相比,间冰期(即冰川时期之间的时段)温室气体浓度出现异常。由于地球和太阳的相对距离的变化,二氧化碳的浓度本应该在上一个冰川期之后不久就达到峰值,然后缓慢下降,可是二氧化碳的浓度(在约 8 000 年前)和甲烷的浓度值(约 5 000 年前)却出现了本不该出现的轻微上浮。

在拉迪曼看来,人类是负有责任的。欧亚大陆的刀耕火耨解释了二氧化碳含量的异常,即比前工业时期至少增加了 40 ppm;东亚的水稻种植则增加了甲烷含量。因此,前工业时代的农民不经意之间延迟了下个冰川期的到来,本来下次冰川期应该早在上千年前就出现在加拿大的东北部。[①] 这是一个让人惊诧的假设,也引起了很多的争论,现在主流学界基本反对这样的观点。而那些拉迪曼没有讨论的其他间冰期则跟我们目

---

① William Ruddiman, "The anthropogenic greenhouse era began thousands of years ago," *Climatic Change* 61, no. 3 (2003): 261 - 293; Ruddiman, "The Anthropocene," *Annual Review of Earth and Planetary Sciences* 41 (2013): 45 - 68.

前所处的阶段有着更多的相似之处，因此现在空气中气体成分的变化就显得没那么异常了。然而，拉迪曼仍然坚持他早期的人类世的假定。这个人类世的版本与克鲁岑的那两个版本相比，的确存在重要的相似之处。在这三者中，新的断代被认为是这样的一个时间段：是人类的活动让大气中的二氧化碳含量超出了没有人类存在时的范围。然而，他们所提出的变化时间段的巨大差异，说明两位学者对于人类给地球运转造成影响的评估也南辕北辙。

还有许多人提出了有别于拉迪曼的早期人类世的版本。至少到目前为止，关于该时期开端的一个比较极端的说法是，人类世始于180万年前，就是古人类获得火种的早期阶段。它的逻辑是，这项技术进步尤为关键，因为熟食使得古人类能更高效地消化动物蛋白，从而使头颅大并善用工具的新型猿人的出现成为可能。而在其他版本中，人类世被看成世界上绝大多数巨型动物灭绝之后——也就是大概在5万年到1万年前——的一个断代，那时，人类捕猎活动开始出现。还有另一个没那么令人沮丧的说法，认为人类世的开端始于人类能够对动物和植物进行驯化的时期，照此说法，人类世和全新世基本重叠，只比拉迪曼定义的时间稍晚一点。还有一种说法，认为人类世也可能只有2000年之久，这可以从全球大部分地区的土壤变化看出端倪——施肥、灌溉、修筑梯田等等，与基督时代的帝国形态组织有关。①

---

① Andrew Glikson, "Fire and human evolution: The deep-time blueprints of the Anthropocene," *Anthropocene* 3 (2013): 89 - 92; Christopher E. Doughty, Adam Wolf, and Christopher B. Field, "Biophysical feedbacks between the Pleistocene megafauna extinction and climate: The first human-induced global warming," *Geophysical Research Letters* 37, no. 15 (2010): L15703; （转下页）

关于历史分期的相关决定经常意味着研究者对某种诠释方法的坚持。基本上是说把人类世的开始时间提得越早，这种观点的倡导者就越强调人类活动的重要性，而非其导致的生态后果。布鲁斯·史密斯（Bruce Smith）和梅琳达·泽德（Melinda Zeder）是人类世始于物种驯化这种观点的倡导者，他们更清晰地阐明了这个观点。史密斯和泽德认为，人类世应以"全球范围内人类对地球生态系统的改造"来确定，而不应该只是寻觅那种"巨大而快速的……人类影响"，就像过去两百年所发生的。这种降低的标准意味对"人类世"这个概念的逆转。总之，"侧重点应该是原因而不是结果，应该是人类行为而非环境退化"。对于他们来讲，"人类世"这样的命名，关注的是全世界的人类如何深刻改变及塑造了他们栖息之地的这一整个时间段。克鲁岑和斯多耶默提出"人类世"这个术语，实际是创造一个评估我们星球系统的基本状态的理论框架；而史密斯和泽德把这个术语当成一种有启发意义的认知工具，帮助我们"更好地去理解……人类社会在改变地球生物圈这一过程所扮演的角色……"①。后者的侧重点是改变地球的人类活动，而不是"变化"本身。

人类世的另外一个版本出现在人文领域对此概念的探讨。对于政治和文化学者来讲，最值得关注的议题不是人类对环境影响始于何时，而是人类世的出现对社会组织架构所带来的启

（接上页）Bruce D. Smith and Melinda A. Zeder, "The onset of the Anthropocene," *Anthropocene* 4 (2013): 8 - 13; Giacomo Certini and Riccardo Scalenghe, "Anthropogenic soils are the golden spikes for the Anthropocene," *The Holocene* 21, no. 8 (2011): 1269 - 1274.

① Smith and Zeder, "Onset of the Anthropocene."

示。这个方面最突出的贡献来自历史学家和后殖民理论家迪佩什·查克拉巴提（Dipesh Chakrabarty）。查克拉巴提认为，人类世的重要性在于，当面对这样一个新的地质世代的概念时，后殖民主义者和马克思主义学者对全球化、资本主义和帝国主义的激进批判就略显不足了。不管这些批判思潮本身多有说服力。

> 气候变化的危机确实时时刻刻在我们身边发生，并且可能在地球上的存在时间比资本主义本身时间还长。如果我们承认这个事实，这些批判对人类历史的理解就稍显不足了……如果批判指的只是对资本的批判，一旦我们认可气候变化带来的危机，那么用这种批判去回答与人类历史相关的问题就不够充分了……无论我们对政治经济和科技有如何的选择，无论我们所庆幸拥有的是何种自由，我们都无法动摇某些基本条件（比如说地球的温度带），它们是人类生存于世的边界参数。①

对那种反抗现有世界秩序中各种不平等的政治立场而言，上述所言的人类世意味着承认环境危机已经给这种政治产生了极大的挑战。然而，查克拉巴提也不至于愤世嫉俗而放言道："在人类世的压力下，必须要全盘放弃对社会经济不公的分析。"他坚称："在气候变化的时代，对资本主义全球化的批判也不显得过时。"可是，气候变化意味着这些批判范式已经无法自成一体了。查克拉巴提提出了一种合二为一的观点，试图

---

① Dipesh Chakrabarty, "The climate of history: Four theses," *Critical Inquiry* 35, no. 2 (2009): 197–222 (212, 218).

"综合资本历史和物种历史这两种不可调和的年代表"。历史学家依然需要讲述"资本的历史,也就是我们如何坠入人类世的偶然历史",既包括自由和不公平这样的主题,也要讲述资本这几百年的发展历程。然而同时,他们也要追溯另外一个更长更深的历史,也就是人类作为一个物种的历史,以及人类与星球上的其他生命互动共生的历史——一段时间跨度达到几万年到几百万年的历史。

在论证这个观点的过程中,查克拉巴提重返人类世的第一个版本。经作者授权,他引用了克鲁岑和斯多耶默首次介绍人类世的那篇内部通讯文章的最后两句话。文章末尾的结论显得欢欣鼓舞,"未来人类要做的其中一个重要任务是发展出一个广为接受的策略,使生态系统能够可持续自生,以对抗来自人类所强加的压力"。克鲁岑和斯多耶默如此写道:"横亘在全球性的研究和工程行业面前的是一个激动人心也是令人生畏的任务:带领人类走向全球的、可持续性的环境管理。"①

当查克拉巴提重述这几句话的时候,"人类世"这个概念也遇到了麻烦——因为克鲁岑和斯多耶默最后提出的建议在政治上施行起来困难重重。可以说,一个真正全球性的研究者和工程师组成的社群可以说几乎不存在,要知道全球各地科研经费的分布很不均匀,并没有谁能指派哪个科研社群去承担引导"人类"的任务,这是显而易见的。与此相关的研究人员是一群意见无法统一的思想者和调查员,而不是什么有先见之明的全球"领头羊"。克鲁岑和斯多耶默希望能为可持续性设计出一个一劳永逸的方案,并且能在全球广泛的接受,这充其量也

---

① Crutzen and Stoermer,"The Anthropocene," 18.

就是个乌托邦幻想。谁又有权威去宣布世界已经接受了某种方案？那些不愿屈服的人，他们的下场又将如何呢？大概最重要的就是，这两位作者的"环境管理"的提议似乎正是人类世所无法苟同的。我们既已承认大多数生态系统已经被严重重塑了，并且人类活动在其中扮演了重要的角色，我们又如何规划一个"能够应对来自人类所强加的压力的可持续的生态系统"呢？"人类所强加的压力"是系统中的一部分，就像季节变化所带来的压力变化那样。管理主义的思维模式认为从外部调节自然世界的变化是人类的责任，与之处在对立面的，是我们已经认识到地球关键的生物化学组成与人类活动密不可分。可是，在那篇探讨后殖民研究的未来走向的文章中，查克拉巴提重述了克鲁岑和斯多耶默的观点，这已经表明，这种想法是人类世话语中的一个重要特征。

查克拉巴提把对资本主义全球化的批判和人类漫长历史连接在了一起，这种对环境分析的两分法无疑是相当让人亢奋的。可是有些读者开始怀疑，他这个方法中的两条线索恐怕不能像他所设想的那样能够完美地拼接在一起。诚然，把两者放在一起很讨巧，但如果以物种为基础的那种思路包围并吞噬了有关政治的思路，又应该怎么办呢？的确，有这样的危险。查克拉巴提起初便坦诚地提议可以把"坠入共有的大灾难"作为"建构同一个新的人类史"的基础，不正印证了以上的情况吗？"跟资本主义的危机不同，"他写道，"没有救生艇可以救那些有钱有权有头有脸的人物（近期的例子包括澳大利亚的旱灾和席卷加州富人区的大火）。"① 如果一个加州富人的房子被烧

---

① Chakrabarty, "Climate of history," 218, 221.

毁，他要去面对的除了情感创伤，还有一大笔保险赔款。可这跟一个在南苏丹饱受旱灾折磨的牧民相比，又有哪些相似之处呢？"没有救生艇？"正如查克拉巴提的批评者欣然一语道破，这个说法无论是字面意义还是其引申含义，事实上都不正确。灾难地区的军事化（像被卡特里娜飓风摧毁的新奥尔良），还有通过巨灾再保险的灾难金融化，都已证明在生态灾难突发的区域中，它们有能力维持并强化资本主义体系下的层级制度。在查克拉巴提的批评者眼中，他被克鲁岑和斯多耶默的充满诱惑力的想法给影响了，他已经偏离了后殖民理论中的一些必要原则。

抵制

查克拉巴提对人类世有开拓性讨论已经变成一个避雷针，消解了各种对"人类世"整体概念的攻击。自2009年他发表的第一篇文章以来，"人类世"概念在被广泛使用的同时，也广受批评。这个概念在2011年开始进入主流视野，这一年有几篇相关的论文刊于《皇家学会哲学汇报》（*Philosophical Transactions of the Royal Society*）的主题文集中。克鲁岑和他的合作者对过去十年间这个词的传播进行了整理和反思。他们写道："'人类世'这个术语一经面世，就在研究全球变化的社群中得到了普遍认可；现在在关注气候变化和全球环境危机的大众媒体文章中也时有提及。"[1] 如果晚几年再写，他们可能

---

[1] Will Steffen, Jacques Grinevald, Paul Crutzen, and John McNeill, "The Anthropocene: Conceptual and historical perspectives," *Philosophical Transactions of the Royal Society* A 369 (2011): 842-867 (843).

会发现更多提及这个概念的地方。2011年，几个重要会议先后召开，《科学》《国家地理》《经济学人》等期刊也专门刊载了特别报道，这个术语也首次在报刊中出现。从那时起，就有关于人类世的博物馆展览、电台节目、学术研究，还有教科书；更让人叹为观止的是，出现了不止三个新的学术期刊——现在学习人类世的同人可以去参阅《人类世评论》（Anthropocene Review）（这个期刊迅速成了讨论"人类世"概念的领军论坛）、《人类世》（Anthropocene）和《自然之源：人类世的科学》（Elementa：Science of the Anthropocene）。

  人类世在学术圈里也开始流行——可以说非常流行。原则上讲，任何发生在过去几百年的事情都能被加上"人类世"的标签，然后听起来（尽管乍一听是这样）很新颖。近期的学术会议组织方发现有关人类世的发言各式各样，很难整合在一起。人类世这个范式也衍生出了很多新的术语：资本主义世（Capitalocene）、持续发展世（Sustainocene）、宇宙世（Cosmoscene）、经济世（Econocene）和同质世（Homogenocene）。一些学者甚至认为是时候谈一谈"后人类世"了。正如这个词日渐瞩目，抵制之声也接踵而至。如果说这个概念被理解为全世界都被"导向"一种单一的环境管理办法，或者说在面对全球变暖发生洪水的时候富人们也在劫难逃，那么这些质疑声音会出现也不足为奇了。人类世的反对者警告说，人类世话语体系在政治上是幼稚的，甚至可以说暗含着不公的；并且，对那些能公平有效应对生态危机的举措，它不仅没有促进作用，反而可能阻碍它们发挥作用。

现在反对人类世的论证已经自成体系了。① 如果用两个词来概括这种批评，那大概是人类世的"普世观"和"技术控制观"。之所以说它具有一种普世观，是因为它显得我们每一个人都处于这样的困境之中。它忽视了人类被分隔成不平等的社群，它忽视了财富、国别、种族、性别、阶级等等因素如何界定了这些社群关系。人类世简化了对人类这个物种（通常讲的"人"*anthropos*）的理解，仿佛人类是一个抽象的、同质的聚合体，他们以工业化行为、资源开采和过度消耗等没有统一定义的行为合力破坏这个星球。这些惯性行为把整个人类的福祉陷于危险的境地，也就是说唯一的解决办法就是暂时搁置阶级仇恨，并且为了人类的福祉共同努力。人类世错误地推导出，人类是由于有罪而联合、脆弱而联合，为了自保而联合。对于

---

① 最有力的控诉是来自：Jason W. Moore, "The Capitalocene, part I: On the nature and origins of our ecological crisis" (2014), www.jasonwmoore.com. See also Slavoj Zizek, *Living in the End Times* (London: Verso, 2010), 327-336; Ben Dibley, "'Nature is us': The Anthropocene and species-being," *Transformations* 21 (2012); and Christophe Bonneuil's discerning typology of viewpoints on the new epoch, "The geological turn: Narratives of the Anthropocene," in *The Anthropocene and the Global Environmental Crisis: Rethinking Modernity in a New Epoch*, ed. Clive Hamilton, Christophe Bonneuil, and Francois Gemenne (Abingdon, U. K.: Routledge, 2015), 17-31. Vigorous presentations of the main objections include Eileen Crist, "On the poverty of our nomenclature," *Environmental Humanities* 3 (2013): 129-147; George Wuerthner, Eileen Crist, and Tom Butler, eds., *Keeping the Wild: Against the Domestication of Earth* (Washington, DC: Island Press, 2014); John Lewin and Mark G. Macklin, "Marking time in geomorphology: Should we try to formalise an Anthropocene definition?" *Earth Surface Processes and Landforms* 39, no. 1 (2014): 133-137; Andreas Malm and Alf Hornborg, "The geology of mankind? A critique of the Anthropocene narrative," *Anthropocene Review* 1, no. 1 (2014): 62-69; and Jeremy Baskin, "Paradigm dressed as epoch: The ideology of the Anthropocene," *Environmental Values* 24, no. 1 (2015): 9-29.

这个概念的反对者而言，毋庸置疑，这听起来相当的资产阶级。这种做法是一个典型的资产阶级操作，也就是把一个群体中部分人的利益描绘成每一个人的利益。这样的想法使得富裕阶层得到了安抚，因为这样就可以把过错归咎于整个人类。因此，下一步就是狭隘地去宣扬人口的过度增长导致世界上所有的罪恶，也就是说他们把危机归咎于穷人身上，即使穷人们实际上并未给危机"贡献"什么。

从这个批评视角来看，人类世的学者以一个简化了的、一步到位的历史变化模型为依托：在所有地方全新世都被人为控制的地球系统所替代。任何试图给这个变化加注一个日期的努力都注定是枉然的，因为现实中世界上不同地区的现代化发展历程五花八门，发展的时间点也各不相同。可是人类世仅仅关注环境问题的叠加，把造成问题的原因的微妙之处抛诸脑后。这就变得很有宿命论的味道：人类本性和人类的技术冲动被当成可以充分完满地解释历史进程的原因。这样，人类世的历史观就变得去政治化了，并且被科学发明所充斥。它盲目地把工业革命当成现代性的唯一起点，并且错误地把工业革命当成简单的技术大跃进，忽视了工业化中经济因素的重要性。如果我们抱着怀疑的态度作进一步分析，人类世的狂热追随者习惯性地把帝国政治和资本主义论排除在外，这种做法本身就有很深的政治意图。选择以这种方式看待危机，就已经决定了他们会提出怎样的解决方法——现代主义的、高科技的、自上而下的。克鲁岑本人就是为全球地质工程摇旗呐喊的领军人物。人类世的话语体现了一种技术控制观，因为它说得好像除了专家以外任何人都没有发言权。这是一种让人绝望的对策，它牺牲了自由和不满，让步于管理上的勒令。这意味着如果我们想要苟存，那么有政治决策力的人必须让位于科学界和技术界的精英，让他们决断存在哪些客观的物理限制，人类该如何利用维持我们生命的系统。

出于这些原因，批评者控诉"人类世"这个概念可能和配给制度在很多方面有一致性，包括配给碳排放量、鱼等等，相比不发达地区，这更符合发达地区的利益。这种分配论跟那些通过把生态系统商品化维护生态系统的不幸管制体制——像是提供生态系统维护服务的市场，还有欧盟混乱的排量交易政策——在学理上简直如出一辙。最严重的情况是，可能为了顾全大局而面不改色牺牲图瓦卢和马绍尔群岛的环境分类的做法也因此显得有理有据。在本质上，这种思维其实是玩了一种哲学上的二元对立的把戏。表面上把人类描述为地质学上的能量，融入自然之中；可是事实上这两者还是对立的。把人类描绘成一个整体概念上的物种，承载着单一的人性本质，相当于把人类从世界上的物种中单列出来。这样，人类世作为一个人造的世代，就和整个地球的自然历史对立起来了。

类似于此的言论至今都是批评人类世的标准答案。格尔达·洛伊尔维克（Gerda Roelvink）这样总结："提出'人类世'这个术语，科学家是在号召我们不要把我们自身当成不同的组织，而应当成一个单一、普世、超越历史的集合体——一个物种……这种看待物种的观点和现代主义让人类凌驾于自然之上的假设有着惊人的相似之处。"① 人类被简化成一个不加区分的物种，这种基于物种的思路变成去政治化、以技术管理

---

① Gerda Roelvink, "Rethinking species-being in the Anthropocene," *Rethinking Marxism* 25, no. 1 (2013): 52 - 69 (53).

"自然"的通行证——人类世的危险性就在于此。

然而洛伊尔维克的抱怨也可用来反对她自身。她的指控中所指的"科学家"不也是"单一、普世、跨越历史的集合体",为人类凌驾于自然而服务。我们知道,实际的情况是,接受人类世这个想法的科研人员也是"不同的群体",他们之间也有很多分歧,对事物有很多不同的看法。不是所有对人类世的诠释方式都是一样的,有些是普世观的、技术控制观的,也有一些,我认为,则不然。反对人类世的说辞有一个重大缺陷,普遍而言,人们并没有认识到"人类世"这个词并不是指代某种唯一的、公认的看法。当反对的声音出现的时候,这个术语已经发展出了很多互不兼容的意涵。更有甚者,批判人类世政治的人几乎总是对人类世最简单、最模糊的版本开火,比如说克鲁岑和斯多耶默的那篇内部通讯的初稿和克鲁岑在 2002 年《自然》上追加的那篇简述文章。要不然就是把这两个文本当成人类世思潮的代表作,甚至幼稚到认为在那能找到人类世理论的唯一可能的形式。更严重的指责对这两个文本来说甚至很不公平,因为这两个文本本身就是有预见性的、建设性的写作,可以从不同的角度解读。不管怎样,没有理由认为每一个人类世的版本都是毫无区别的政治折中。

一些来自研究政治和社会区别的理论家对"人类世"也有质疑,尽管如此,不应该让人们抛弃这个术语,而是应该让使用这个术语的研究人员去优化、细化分析。有些新时代的想法指控这个概念会抹黑穷人,迎合精英分子的技术控制观的幻想,掩盖政治和历史真相或反对环境问题的公平应对方案。这些指控让人不安,确实需要我们严肃对待。任何一个有分量的人类世版本都需要考虑到细致的历史框架下的权力关系的运作模式，包括整个地球系统的内部关系，还有人与人之间的关系。做后殖民研究的学者可以从这个框架出发分析"人类世"。接下来，我会谨记对"人类世"的激进批评，在讨论中我会避免把人类当成一个不加区分的整体。

毕竟，对"人类世"重新思考还是能有很大收获的。尽管跟其他的地质学概念相比，这个术语可能是"板块构造"之后最深入人心的词，可是这个术语的活力没有一点要结束的意思。当然，这本身就是一个相当宏大并且大胆的概念，因此才经得起这样的推敲。在我写这篇文章的时候，记者还是不会在一般读者面前不加解释地使用这个词；而且，这个词直到2014年才被《牛津英文字典》（*Oxford English Dictionary*）收录，从而进入主流视野。环境危机已经把一系列浓缩了各种有争议的概念的词语推到了镁光灯下。虽然这些词语大都问题不小，我们却依然可以由此看出，语言是如何被重塑以面对危机的，比如"全球变暖""酸雨""臭氧空洞""生物多样性""可持续发展""碳排放量"。然而，所有这些术语都比"人类世"更让人熟悉，尽管后者比之前所有的术语的意义更深远。未来，"人类世"能否在公众辩论中起到关键的作用（像80年代的"臭氧空洞"那样）还有待观察；抑或它会转移人们的关注点，甚至误导群众——就像"可持续发展"这个词的滥用那样。

地质生命

对人类世的有价值的分析应该是阐明而非模糊人为造成环境变化的行为模式。这些行为模式彻头彻尾都是政治性的，再作进一步分析的话,最好回到讨论有关人类世政治的争议的最重要的文本,重读迪佩什·查克拉巴提的作品。至今还没有哪个反对人类世的人能回应查克拉巴提所提出的核心问题。他发现,抵制现有的资本主义全球化,抵制其在利润驱动下对弱势社群和脆弱的生态系统的剥削,是创建一个适居而平等世界的大前提。可是他坚定地认为(并且有理有据),单纯地反抗资本主义并不足以达成这个目的。环境灾难是比资本主义更大的问题,它动摇了独立于资本主义逻辑下的"生存边界"。环境灾难所带来的气候变化,无疑会比资本主义本身存在的时间更长。对此,无论是工业化过程中的社会主义国家,还是西方大国都负有责任。

对查克拉巴提来说,人类世代表着"全球化"和"全球变暖"这两个问题的割裂和不可调和。后者比前者的问题更深远,因为它影响着整个人类。单纯地揭露"人类世"这个概念的潜在副作用(正如洛伊尔维克和其他人想要做的那样)并不能解决这个二元割裂的问题。换句话说,即使人类世的确会产生抹黑穷人和宣扬反民主的科技救赎等政治后果,它还是能很准确地描绘出一个残酷的事实,就是我们星球处于存亡危急之秋。这样看来,我们仿佛处于一个进退两难的境地:一边是对"我们同进同退"这样言辞的无可厚非的批判,一边是清醒地认识到化石燃料所带来的社会繁荣,生态是无法承受的;一边是现代性的世代,一边是人类世的世代;一边是资本的政治历史,一边是碳的地质历史。这个僵局是不是说明"人类世"这个概念已经走到死胡同了呢?并非如此。另一个可能性是不把人类世当成一个矛盾体的标识,或者是激进社会批判和基于物种的思维方式之间的冲突,而当成一个可以调和这两种观点的概念。这个新世代的诞生正是一个可以重新思考人类以及非人类间权力关系的机会。有这样一种修正查克拉巴提的分析并将其推进到一个新的方向的思路，就是质疑、解构他早期人类世讨论所作出的区分，即对有生命和无生命的物质的区分。这个区分乍看似乎是稳定并且分明的二元对立，可是换个角度看，生命和非生命只不过是地球系统运行的周期交替中的不同时刻而已。

在以下的段落中，我们可以看出查克拉巴提思想中对生命/非生命的区分："气候科学家提出，人类曾经是一个简单的生物体，现在已经变成一个比以前大得多的概念了。现在人类掌控着一股地质力量……人类是生物体，作为一个集体的概念和单独个体都是如此，过去如此，现在也如此……但是我们只有在历史语境下和作为集体概念时才能成为一个地质学意义上的能动主体。"① 这种观念处于查克拉巴提论证的核心。对他来说，人类从"生物体"转化成一个既有生物属性也有"地质"属性的权力体，这种概念撕裂的结果就是人类世。在把人类当成与其他物种一样的生物这个层面，马克思主义者、后殖民主义者以及环境正义思想家的思考是相当充分的；但是在把人类当成一个现代的集合体、一种具有"普遍"形态的地质力量，他们的分析就显得不足了。更明白地说，除了我们的生物性存在，"我们现在也有另外一种存在方式——作为一个集体、作为一股地质力量，对此我们甚至无法体会——我们对人类间的争议问题'漠不关心'或说'中立'"。人类已经变成"非人、非生命的能动主体"，他们在一个"漠视正义的集体形态

---

① Chakrabarty,"Climate of history," 206.

下存在"。① 查克拉巴提树立起的人类世和解放论政治之间的对立，根本上讲来自他所设想的历史转变：从生物到地质的转变，以及从生命体到非生命体的转变。

这个看起来很分明的二元对立，其实也是不完整的、暂时性的，而且是有一定条件才成立的。关于这点，只要看看那些真正在参与地球系统的能动主体就能发现。地球的运作机制（或者说在人类出现之前）似乎是这样的：首先是由非生命体的地质基础或者地质框架形成，包括像板块构造、火山作用、气候、侵蚀和沉淀；其次是由有装饰性的有机生物上层建筑组成，也是由必须适应的地质现实所支撑和决定的。的确，与大气、水和岩石层相比，地球的生物总量还是很小的，但这种想法已经在很大程度上被地球系统的研究者消除了。相比那些死去的行星（比如金星），地球已经有几十亿年不处在化学平衡的状态了。之所以如此，是因为生命现在已经是这个星球组成不可或缺的一部分——从这个星球存在以来的四分之三的时间都是如此。

有生命的有机体主要活跃于大气层、水圈和岩石圈交互的范围中。生物圈的有机体进行光合作用、吸收、呼吸、排泄，还有死亡，使得生物圈的化学进程比其他的地方都进行得更快。正因此，这个星球得以运行的主要循环都是生物化学循环，这些循环中生命循环和无机体的进程是紧密连在一起的。地球在各种纠缠在一起的循环中运行，包括碳元素、氮元素、钙元素、水、磷元素的循环等等。这些循环包括生命体参与的历程，或

---

① Chakrabarty, "Postcolonial studies and the challenge of climate change," *New Literary History* 43, no. 1 (2012): 1–18 (11, 14).

者说，由有机过程帮助实现的历程。岩石的侵蚀是碳循环深刻而重要的推动者，同时也是板块构造循环的基本组成部分。侵蚀石头表面的细菌、青苔和真菌又大大加快了这个循环。大气中之所以包含活性氧是因为细菌在过去超过 20 亿年的时间中呼出了氧气。游离氧的产生以及其他生物的循环过程加起来可能造就地球上超过三分之二的（非人为的）矿物质。

有生命的物质通过寄生和固化沉积物塑造了河流和海岸线。这些物质堆积成具有地形规模的地质特征，比如土壤、泥炭沼、煤层、灰岩峭壁。水文循环包括植物蒸发，依赖植被存在的土壤对水的采集，还有影响云层形成的海藻气体排放。冰川期的形成看起来部分是"生物泵"运行的结果。在这个机制下，地球对太阳相对位置的微小的变化会使热带和极地之间的热量有差别，导致两个气候带之间的强风把更多的含铁和含养分的浮尘吹入海中。这些灰尘滋养了海洋中的微生物。当这些富含钙和碳的微生物死亡（或者被吞噬、排泄掉）的时候，它们的躯体和外壳沉入海底，把碳元素从大气中隔离开来，给整个星球降温。星球表面的反射率取决于覆盖其表面的植被，反射率在一定程度上控制着气温和降水量，而这些气候要素又反过来影响了植被的进化。大型食草动物的存在与否会显著地改变地面覆盖物。因此，这些大型食草动物也是地质力量，就像蚯蚓和海狸那样。

简而言之，生命一直都是一种地质力量；同样地，地球的地质跟金星不同，长久以来受到生物进化定律的影响。查克拉巴提提到的"生物体"同时也一直都是"地质体"，从来没有任何生命痕迹的"无生命机体"几乎不存在。（的确如此，生命的存在本身就说明自我复制的系统可能来自无机的化学变化。）一边是有生命的东西，另一边是像岩石和气候这样无生命的东西，这两者从根源上讲，都是地球表面上的生态循环不可或缺的一部分。生物和地质现象并不是两种割裂的存在，我们不可能在此基础上建立两种不同的政治体制。尽管人类世的诞生确实改变了生命和地球物理能量的组合形式，可是它并不影响它们深层的整体性。[①]

查克拉巴提认为人类这个物种呈现出从生物性到生物性-地质性这种分割的跳跃。他提出一边是政治的而另一边是政治和非政治的集体行为。当我们考虑到地球的生物化学系统组成时，这种分割其实就被消除了。最初看起来像是生命与非生命的不同变成类似地球地理量级上的不同，而查克拉巴提自己也的确在最近的作品中转向对量级的讨论[②]。这样做的后果是政治和人类世之间的对立就不复存在了。历史的强大光芒让这种对立逐渐隐去，我们也可以更清楚地看到查克拉巴提的分析中的缺点和他核心观点的重要性。他是正确的（并且具有大胆的前瞻性）——他说，由于地球的地质状况的剧变，20世纪的解放政治必须经历一个富有挑战的转变。可是，谢天谢地，这个地质剧变所发生的场所与生命体之间日夜无休争取生存优势的场所并非截然不同。正相反，在地球的生态系统中，这两个因素一直都是紧密地交织在一起的。生命体之间争取生存优势才是政治关心的话题。

毕竟，政治才是处理地质问题的正确模式。政治本身并不

---

① 请同时参考：Nigel Clark, "Rock, life, fire: Speculative geophysics and the Anthropocene," *Oxford Literary Review* 42, no. 2 (2012): 259-276.
② Dipesh Chakrabarty, "Climate and capital: On conjoined histories," *Critical Inquiry* 41, no. 1 (2014): 1-23.

需要被那种地质的视角——把物种当成不加以区分的整体——所限制或者替代,因为地质的视角本身就是具有政治性的。与其说它们是对立的,不如说它们存在连续性。人类的斗争,从古巴的薪资交涉到阿尔巴尼亚的选举腐败都毫无疑问是政治问题。卷入了人类和非人类的斗争,从美洲关于大米基因的专利权争斗到韩国渔船在索马里被持枪分子非法扣押,也是具有政治性的。同样有政治性的是涉及地球物理能量的斗争,从西班牙抽取地下水所引起的地震到污染对印度季风雨季的影响。对公平和不公平的事件都不漠视,这样的规范分析在每一个阶段都同样重要。人类世的诞生是地球系统内部数不清关系中的多边破坏和关系重置。没有什么能诱使我们忽视一个事实,人和人之间的关系也是那些被破坏和重置关系中的"一员"。

毕竟,人类世并不需要抽离对社会政治的权力关系(比如全球化、资本主义、帝国主义等等)批判才能谱写人类物种的全球史。相反,想要理解人类世,意味着我们需要拓宽社会政治批判的关注点,着眼于分析地球物理作用成分之间的权力关系,既包括人类的,也包括非人类的。当然,这种广角的分析说起来容易做起来难。可是,这个角度至少没有意味着我们要抛弃后殖民理论以及全球正义运动的核心问题。

我们是否能理解人类世,取决于我们是否能跳出当代世界政治的解读方式——目前看来,这种方式还是受到人类范畴制约(经济、话语、身份认同等等都是在人类这个范畴内进行的)。可是,对现代性的广义上的解读如果没有把环境议题考虑在内就会显得十分薄弱。相反,即使政治生态学家和人类世学者一开始走错了方向,他们也会很快回到轨道上来——只要双方都同意权力关系这个词所指涉的有时候是地球物理学上的能量,而有时候是人和人之间的关系(这也是某种地球物理上的能量)。他们会关注这样的权力关系,比如决定哈德里环流圈(Hadley cells)能量的权力关系,也就是那种能为缺水的草原产生或保留雨水的能力,还有冰川移向大海时阻力和重力之间的能量平衡。他们发现上述的权力竞争关系并不能轻易与其他权力关系分割开来,就像迪南公司对洪都拉斯民主进程的影响,陶氏化学公司阻碍印度公司债务法对博帕尔事件的执行,还有泰国的渔民反抗政府在海啸过后征收他们土地。

正如我在这一章一直强调的,对人类世不同的理解会给我们不同的指导意义。如果我们把这个新世代的诞生理解成不同生态能量的转换和交织,那么我们就要慎重选择那个能支撑这种分析的人类世版本。毫无疑问,选择有很多的。如果人类世有很多版本,并且只是有些版本在政治上有反作用,或者其思想体系前后不一致,那么,就应该还有很多其他有积极意义的思考人类世的方法。如果从现在开始我只专注于一种对这个新世代的解读方法,那么,这么做并不意味着要排除其他,只是意味着更有选择性。

我们看到,通过反思地球物理进程,迪佩什·查克拉巴提得出的令人不安的结论可以被搁置一旁。这意味着把人类世当作一个地球历史现象来审视很有意义。在这本书余下的部分,我会对人类世的一个版本做深入分析。这个版本认为,克鲁岑的最初提议甚至可能比克鲁岑本人的理解更加浅显。从这个词严格的地质学含义上看,可能一个新的世代的确正在展开。

地层学转向

2009 年 12 月，地层学家扬·扎拉西耶维奇（Jan Zalasiewicz）这样写道："我们集合在一起，是为了对确定一个正式的'人类世'作出批判性的思考，并且向我们的上级机构（第四纪地层学子委员会［SQS］，其上级机构是国际地层学委员会［ICS］，属于国际地质科学联盟［IUGS］）提出我们的意见。"围绕这个目的新成立了由扎拉西耶维奇担任主席的"人类世工作小组"。这个小组的重要使命与其组织架构的简约形成巨大的反差（"我们没有预算"，小组的主席如此提醒大家）①。正是这个原因，以上那些嵌套在一起、错综复杂的组织缩写也需要一个个解开。

国际地质科学联盟是一个重要的全球性科学组织，由 100 万个地球物理科学家组成。国际地层学委员会是其最大的组成部分，这个组织致力于制作并维护支撑着地质科学的那张一页的图表。这张图表便是国际地质年代表，它体现了地球历史是如何正式分期的。② 此表浓缩了地层学研究的所有成果，它不但对每一个地质时间中的主要时间段进行定义、命名及加注年代，而且决定了它们之间的上下层级关系，以及它们的内外关系。（即使暂时不提人类世，关于在哪儿分界的争论有时也能

---

① Jan Zalasiewicz, *Anthropocene Working Group*, *Newsletter 1* (December 2009), quaternary. stratigraphy. org/workinggroups/anthropocene.
② 严格地讲，国际年代地层表合并了两个并行的时间序列。年代地层学关心的问题是岩层间相对的年代测定，这个概念跟地质时间还是有所区分的。年代地层学的"岩层时间"单位和地质时间单位的确相互呼应。这里，这两者之间微妙的区别并不影响我们的论述。

震撼整个地质学界。地层学家像诗人一样，对于命名非常认真。）在理想情况下，定义地层需要选择在地球上某处单列岩石中的一个变化（通常是某个化石物种的出现或者消失），来代表这个时间段的起始点。以 3 400 万年前到 2 300 万年前的渐新世（Oligocene）为例，在这个时期，恐龙已经灭绝，茂密的热带雨林退化，而南极洲的冰层也开始形成。国际地层学委员会在定义这个时期的起始点时采用的是现今意大利贡雷诺山上的一处采石场找到的岩石层，"在一块半米厚度的灰绿色泥灰岩床的下层"①。

国际地层学委员会下属有十六个子委员会，负责对比过去 2 600 年地层学数据的是第四纪地层学子委员会。正是在这个委员会的请求下，扎拉西耶维奇和古生物学家马克·威廉姆斯（Mark Williams）（那时他们在兰卡斯特大学的办公室互相挨着）成立了这个没有资金支持，实际上由包括克鲁岑在内的四十名学者组成，沟通基本靠邮件的人类世工作组。"这项工作不会很繁忙，"他们告诉潜在的参与人员，"然而，这项工作会很有趣，并且对科学社区很有用处。"② 正是这样温和的奉承，人类世这个想法经历了一个重大转变。

克鲁岑突发奇想感慨，"我们已经不再处于全新世了。我们在……在……人类世"！某种程度上，这也是关于地层的言论，它有别于国际地层学委员会所确立的定义。可是从他奠定基调的两篇文章中我们很清楚地看到，对委员会的伟大的地球

---

① International Commission on Stratigraphy, "GSSP table for Rupelian stage," www. stratigraphy. org/GSSP/Rupelian. html.
② Jan Zalasiewicz and Mark Williams, "Letter to potential members," quaternary. stratigraphy. org/workinggroups/anthropocene.

时间表做出修正并不是他的初衷。他的专业领域是在大气化学——尽管这个概念在接下来几年已经渗透到专业的文献中，地质学家本身并未频繁地使用这个词。"人类世"正式作为地层的概念提出是从一篇文章开始的，这篇文章是由伦敦地质学会（没有国际地质联盟那么大，可是却是世界上最古老的地质团体）的二十一名成员合著的，由扎拉西耶维奇牵头。他们写道，尽管"人类世"在当时还只是个"生动却非官方的隐喻"，同样可以用"设立新世代的准则"来审视它。如果"人类世"满足了这些准则——看起来是极有可能的——国际地质年代表也要做出相应修正①。这篇文章标志着一个崭新提议的出现。它偏离了克鲁岑最初想法，也偏离了这个想法曾有的解读方式，而这个工作组就是这个提议出现的结果。

从如此字面的角度去理解人类世，甚至要把人类世纳入地质年代表当中，使其正式成为地史学中的一个单元，这个做法引发了许多后续的事件。用史密斯和泽德的话说，它造就了人类世是根据其后果而非其成因来定义的——这里所说的后果主要不是针对人类，而是针对作为一个生态整体的地球。扎拉西耶维奇对人类世的思考，本质上讲，是一种从根本上抽离人类的思路。人们不应该从人类对环境的影响入手，不应把人类当成被追究责任的一方，而应从生态变化的事实出发，比如很多地球物理上的不同量级的变化——由河流的沉淀、浮游植物种群分布、海洋的酸度和空气中的花粉组成。这一系列的变化需要经过衡量、分析，然后对它们之间相互关系进行重建——在

---

① Jan Zalasiewicz et al., "Are we now living in the Anthropocene?" *GSA Today* 18, no. 2 (2008): 4–8.

这个阶段，对物种之间和物种内部的关系进行分析，其中围绕世界上一个为数众多的人猿超科物种的分析就显得尤其关键——从而才能评估这些变化是否以及在什么程度上构成了新世代的开端。首先观察地球系统的变化，让这些变化引领你（必定如此），把你领向一种人类物种的生态学，然后再次冲破人类这个范畴的桎梏，从而在地质时间的语境下领会这些转变的过程。这就是地层学家的提议。

为了实践这种巨大的概念抽离，我们需要某种间接的手段。与其直接去评估现在的生态变化类型和量级，并在此基础上决定"人类世"这个标签是否合理，人们不如运用想象力，把目光转向遥远的未来。毕竟，每一个新的世代的开端都是很久后回顾历史的时候才确立的。定义人类世的地层学家不应关注现今环境变化是如何的剧烈，而须得专注于几百万年后这些变化是否仍可轻易辨认——在很大程度上这意味着它的变化痕迹有多少得以在沉积岩中留存。一些官僚做派的怪象也应运而生。例如，由于海洋和湖泊的沉积岩比陆地上的（因天气变化侵蚀）保存得好得多，地层学家基本上专注于研究在海底和湖底形成的岩石层。同样地，地层学倾向于优先研究硬体的有机生物，因为它变成化石的完成程度远好于软体生物。另外，地层学研究也重视过去处于食物链金字塔底层的物种，而非处于顶端的较为稀少的捕食者。

出于以上的原因，鸣禽、乌贼和大型猫科动物就不太具有地层学意义上的标志性。关心这些动物生存境况的环境学家可能会很困惑为什么地层学家总是关注海洋微生物的钙质和硅质的历时变化和分布情况。可是，无限度交织在一起的复杂生态系统也意味着问题其实不像一开始想象得那么大。在一个层级内的扰动通常会在另外一个层级中有所反映。数量庞大的纽芬兰鳕鱼由于过度捕捞而数量锐减,到了几乎要灭亡的边缘,这可能不能直接从化石记录中看出来,可是从食物网络底层的物种组成的变化中还是可以略见端倪,由于觅食的毛鳞鱼数量猛增造成浮游生物的数量告急,而这是因为过去鳕鱼以捕食毛鳞鱼为生。世界 GDP 和对外直接投资水平(克鲁岑和麦克尼尔的人类世版本中首要考虑的问题)并不能成为化石。然而,通过迂回的路径,它们确实影响了能成为化石的东西。用地层学方法来确定人类世的指标,既是所有相关提议中最细致入微的,也是最言之有物的一个。

另外一个和地层学方法相伴共存的方法可能乍一看很难被接受。地层学家希望一个世代的开端的日期要单一、全球统一,并且尽量准确。他们基本上设想了一个标准化的人类世,以某个具体的年份作为它的起始点。尽管大家讨论了好几个提议的年份,可是这些年份几乎都是相对近期的。地层学家所提议的开始日期几乎清一色的是在过去的几个世纪里,这与史密斯和泽德的法则一致,也就是专注于世界范围内的环境后果而非成因会推导出人类世是一个新近出现的世代。人类世的反对者基本上都抨击这种为新世代断代的方式,认为这是一种草率的简化,既忽视了生态变化的深层原因,也忽视了工业现代化是一个渐进的过程,并且在不同地理位置有不一样的呈现。但或许这些反对的声音并没有反问自身,他们是否真想要去控诉地质学家们,说他们在学理上不愿意面对旷日持久的变化。要知道,地层学版本的人类世完全没有要武断预设环境变化具有某种一蹴而就的模式。

在这一章我论证了几种不同人类世版本的可能性。毫无疑问，这个术语在未来会萌生出其他意涵，但向地层学的转向诠释了人类之间和人与非人之间的权力关系，是迄今为止解读人类世最卓有成效的方式。通过在繁杂的地质年代表中给予人类世一席之地，地层学的方法重构了人类世。剩下要做的是从地层学角度对这个新世代加以阐明，并且使用这种解释来改变有关人类世政治的辩论。从地层学家那里取经将意味着我们要关注比1784年更早的历史脉络，尽管这个日期最终会被证明是这个新世代可能的起点。从地层学角度解读人类世意味着把它置放于地质时间的语境中，这个方法将会帮助我们理解为什么在当代新闻报刊上铺天盖地的环境问题总是提及10万年前或者300万年前的事件。

第三章　未来的地质学

至此,我的观点概括起来有以下几个方面。人类世有多个版本,如果你想要讨论这个话题的话,你需要明确具体指的是哪个。现今的环境危机把经受着这一切的生物抛入深度时间之中,而人类世的一个版本——那个从字面意义出发把人类世定义为一个新生的地质年代的版本,为我们和远古似乎不合时宜的相遇提供了一种妥协的办法。换句话说,将人类世置入地质年代表,这个做法的深意就是把现在的危机放置在地球历史的维度之中。

这意味着我们可以从国际地层学委员会下属的、由扬·扎拉西耶维奇和其同事志愿发起的人类世工作组学到很多东西。当被看成地层学术语时,"人类世"这个词的重要性就发生了改变。如果这个新世代的名字和地质年代表中的其他年代的命名有一样的机制,那么它就可以从众多的指责声中解脱出来。地层学家的研究项目并不是从"谁应该为环境灾难负责任"这个角度出发,而是从不羁的想象中开始的。他们发问:在地球上不远的过去所发生的事件,在几万年或者几百万年以后的未来会留下什么样的痕迹呢?这些痕迹又将告诉我们,当今发生的变化属于地球漫长的历史的哪个环节呢？

然而，把人类世正式纳入地质年代表中需要的可不仅仅是预测这么简单。它还需要证据证明最近几十年乃至几个世纪以来，地球的物质组成发生了确切的变化。要确立一个地层学意义上的人类世，关键在于一个比较具体的起始点——用内行人的话说就是"基准点"。目前已经有很多不同的人类世"基准点"被提出，这些提议的优缺点即将决定这个新的世代能否被正式确立。但更重要的是，正是由于对这些提议的评估，人类世的地层学研究才和过去五个世纪的环境史和经济史有所交集，并对其有所阐明。所有这些提议都为我们理解处于深度时间中的现代危机提供了独特的思路。

人类世的命名

人类世是新世代的一个绝妙的具有挑衅意味的标签。如果这个世代被正式纳入地质年代表，那么肯定要用那个据说是保罗·克鲁岑灵光一闪想到的名字，而不是经济世（Econocene）、宇宙世（Cosmoscene）或者其他什么名字。这个率真的名字无疑是其能广泛流传的一个主要原因。因为它把有关人类对星球的影响这个扣人心弦且不言自明的故事浓缩到了一个词里。在最基础的层面，这个名字很有震慑效果：我们的星球已经发生这般巨变，连科学家都认为我们已经进入了一个完全崭新的地质世代！又或者，它最开始会给人传递这样的信息：人类对星球的改变之大，已经造成一个新的地质世代的产生。人类世经常被认为是一个反哥白尼的想法。哥白尼把人类从宇宙地理中心的特权地位移除，而人类世又重新把人类放回到物理世界的中心。

如果不是人类世把人类活动以如此吸引眼球的方式推向前台，地质世代的转变这个主题根本不可能吸引这么多的关注，特别是在地层学领域以外的关注。另一方面，显而易见，也正是因为选择了"人类世"这个直接明了的命名，才有那么多的批评家迫不及待地宣告"人类世"是一个我们不应接受的普世而集权的提法。我们也看到，对于"人类世"的反对者来说，把这个新的世代命名为"人类世"等同于无视人类不同族群之间的差异，不加区分地把环境大灾难归咎于世界上的所有人，这只会导致我们采取适得其反和极为不公正的措施。很显然，很多事情还需取决于人类以及人类世两者之间的具体关系。①

扎拉西耶维奇和他的合作者很乐意保留克鲁岑对这个世代的命名，尽管他们对人类世的理解和克鲁岑的理解有微小的出入，但并非根本上的不同。我们需要理解"人类世"这个词在地层科学专业术语的语境中是如何使用的。如果这个新词被字面地理解成一个地质世代的名字，那么人类世和人类之间的关系又会是怎么样的呢？如果我们考虑到地质世代的命名通常是如何形成的，那么我们会看到地层学的方法意味着这两者之间的关系并非像很多人诠释的，是一种排他的关系。在这个语境中，人类世当然不意味着人类是地球历史中这个新世代的唯一创造者。

石炭纪这个名字是来自拉丁文词根 carbo（木炭或者煤炭），因为 3.6 亿年和 3 亿年前之间的一个突出的特征就是巨

---

① Bronislaw Szerszynski, "The end of the end of nature: The Anthropocene and the fate of the human," *Oxford Literary Review* 34, no. 2（2012）: 165 - 184.

大的煤炭堆积。白垩纪之所以被这么命名是因为很多大型显著的白垩（拉丁文是 crēta）的形成，比如说多佛的白色悬崖就可追溯到陆地恐龙灭绝之前的 8 000 万年前。煤炭堆积是石炭纪很重要的组成部分，白垩的堆积是白垩纪的重要组成部分，可是我们不能理解成整个石炭纪都是以煤炭为中心的，正如白垩纪的火山或者甲龙也没有什么白垩的属性一样。在这两个时期，生态进程都照常进行：地质板块遭挤压变形，太阳热能蒸发了海洋的水分，昆虫在蕨类植物叶片间嗡嗡作响。同时，死去的树木在地下被挤压形成煤炭，海洋生物的碳化钙外壳沉积形成白垩层。在某个时刻，这两个进程在岩石中留下了深厚的印记，以至于 19 世纪的地质学家用这些印记给地球历史的不同阶段命名。可是这种维多利亚时期的命名的特殊之处也仅限于此。在很多其他时期也有煤炭和白垩的堆积，就像成冰纪（来自希腊语κρύος"冰冻"）是个极其寒冷的时间段，但绝不是唯一一个有冰川形成的时期。每一个案例中，对这些地层形成概念上的理解是首要考虑的问题，也就是把它们理解为与之前或者之后的世代有或多或少区别，具有某种明显特征的时间段。只是后来，某个时间区间的特征被挪用成了整个时间区间的名字。

当然，我想说的是所有这些现象也都能在人类世这个案例上看到。认为人类（Anthropos）必须是人类世的本质或者必须处于形而上意义上的中心地位，这是没有理据的。当这个词被当成一个地层单位的名字的时候，这并不意味着人类世是"人类的时代"，并不是说这个词只是包含了人类的能动性而不包括其他，也并不是说世界的其他部分都隶属于人类的控制。如果最近的几个世纪内物质世界已经发生了如此巨大的变化，以至于可以说一个崭新的地质世代已经开始了,那么像"人类世"这样的名字就恰如其分,因为人类活动在这些变化中显得极度重要。尽管如此,除了人类,在这些生态的重塑中其他的参与者也施展了拳脚,它们不受人类的指使,也不受人类欲望所支配。

人类世既有火山爆发、海底塌方,也有山顶采矿。科罗拉多甲虫在19世纪的时候开始进化成以马铃薯为食,并且数量不小的昆虫,因为它们逐渐有了对多种杀虫剂的耐药性。氯气的粒子以氯氟烃的形式升入平流层,并且在那儿拆解了成千上万的臭氧分子。人们在几十年以后才发现这个现象。是人类使得这种转变成为可能,可是大概不能说这些事是在人类的掌控中才发生的。科罗拉多马铃薯甲虫和氯原子,就像松鼠和葛藤一样,都是人类世的能量体。它们跟人类一样真实,它们也像人类一样,能在自己的能力范围内施加影响。人类世这个想法把所有这些都放在了同一个本体平面上。在这个时期,人类并不是吸纳或者指挥某种消极的自然,从某个处于中央的宝座上给周边的惰性物质发号施令。恰恰相反,在多种多样的改变动能中,人类社会正是其中最有活力也是最特别的一个。因此,地层学的转向可以帮助我们更现实更冷静地评估人类世中人类所起的作用。

照这样讲,人类世本质上具有两面性的说法就变得无力了。反对"人类世"最尖锐最有成就的批评家杰森·摩尔(Jason W. Moore)认为"人类世"这个概念是建立在一个还未得到广泛认知的二元论基础上的,也就是说,"人类"在本质上是独立于"自然"而与"自然"互动的。当然,事实上有些作家在写到这个新的世代的时候也会被这种二元思维习惯所束缚,可是这对于地层学意义上的人类世并没有什么贡献,把它和石炭纪前一个时期的泥盆纪（Devonian）对比就明白了。除非这个时期的命名意指现实世界是一分为二，并且只能分为两个部分——一半是英国舒适的德文郡，其他的东西包括从土星的光环到彭赞斯这个地方的活物都被强行塞入另一部分，不然我们不应认为人类世建立在人类和自然哲学意义的分类之上。

所有这些都对我们实际去定义人类世能起作用。我们已经看到，"较早人类世"的支持者像布鲁斯·史密斯和梅琳达·泽德，在定义这个新世代的起点时侧重于"成因而非结果，以及人类行为"。对于他们来讲，人类世的世界与其他所有地球历史阶段的不同在于，前者以人类的存在为特征。当然，我们没有理由阻止他们使用这个词，可是无论史密斯和泽德的人类世版本如何能自圆其说，这都不是地层学意义上的人类世。地质单位标志的是一种集体性的、全球大范围上的转变，而不是某些物种的隐秘里程碑。人类世工作小组的成员在反击一个几乎被人遗忘的批评中阐明了这个观点。他们写道，"我们认为没有必要去找到一个'有边界性的地层学标记'来反映'人为变化的开始'"，"这里的问题关键并不在于人类痕迹在地层中存在与否，而在于地球的地层记录以及记录形成的过程是否已经发生了充分的改变，足以让新的地质单元的出现有所依据和有所作用，而后，我们再为其寻觅一个最有效的、可被追溯的边界起点"。[1]

---

[1] Jan Zalasiewicz et al., "Response to Autin and Holbrook on 'Is the Anthropocene an issue of stratigraphy or pop culture?'" *GSA Today* 22 (2012), online only, www.geosociety.org/gsatoday. See also Ian Angus, "When did the Anthropocene begin . . . and why does it matter?" *Monthly Review* 67, no. 4 (2015), monthlyreview.org.

地层学家的关注点是造成近期地球历史中断的一系列地球物理变化，而不是人类对地球的影响何时开始。正是这个原因，他们总是设想一个相对近期的人类世的开始日期：他们只会把最近几个世纪中世界的剧变当成人类世的开端。他们认为没有理由要把人类对地球有重大影响的整个时期都囊括到人类世之内，特别是"重大"这个词在此语境中几乎无法定义。"人类世"之所以是这个新世代的一个恰当的名字，是因为人类是这个时期内的一股生态能量——众所周知，人类也是塑造了更新世的能量之一；同理，海狸、细菌和苔藓等都是人类世的生态能量。他们的观点是：这些足够宣告一个新世代成立的惊人转变就发生在过去的三个世纪内，所以，以"人类世"为其命名似乎无可厚非，因为在地球新型生物和地球化学的聚合物中人类具有显著的压倒作用。

现在我们认为的人类世甚至有可能是这样的一个地质年代单元，就是人类对星球的刻意影响已经大部分消失的情况下它还会长久存在。人类世工作小组的成员很清楚他们这个观点尖锐的引申意涵。正如他们中的几个人说的那样："只是把人类世当成是'人类的世纪'……可能存在误导性。认识人类世的关键在于有地质学意义的全球变化的程度。现在，人类恰巧是其主要推动力；而未来，地球系统的回馈，像甲烷排放，可能会是更显著变化的主要推动力，但这些变化将仍属于同一个现象的一部分。"①

在这个灰暗的设想中，现在已经开始的这个世代最终会变

---

① Colin N. Waters et al., "A stratigraphical basis for the Anthropocene?" in *A Stratigraphical Basis for the Anthropocene*, ed. C. N. Waters et al. (London: Geological Society, 2014).

成由甲烷化合物的不稳定来标记，而不是由人类对生态系统有目的的改造来标记。在这个世代的早期，物种规模的人口骤减可能导致人类活动锐减，而甲烷释放会留下更深的地质印记——快速的温室气体升温、冰层融化、海平面上升等都可能导致这一现象，而这一系列事件在过去都曾多次发生。用地质学的术语说，这个进程的两个部分组成了地质历史剧的一幕，与其是否由人类主观推动无关。即使发生这样的情况，"人类世"还是可以成为这个时期的合理名字——如果到时候还有人幸存的话。到时大概没人会觉得这个命名暗指人类是这个时代的主导者，但人类至少算是这一系列事件的始作俑者。

地质学层面的"人类世"并不是一个以人类为中心的概念，也不是把人类从自然中分离出来。"人类世"这个名字描述了这个新的地质时代最突出的方面，而不是其本质。所以，如果人类世并未把人类看作世界本体的中心，那么也就不必指责它把人类当成一个模糊的整体来看待。也就是说，如果新的世代并不是一个二元论概念，那么更进一步的责难，比如说批评人类世把世界上多元的人类简化为一个不加区分的聚合物，并且要为现今的环境掠夺负集体责任，也就失去说服力了。地质学的人类世既不是普世观也不是技术控制观，既不是决定论的也不是反政治论的。人类世并未指定广义上人类在自然界的足迹，它所意指的仅仅是一个进化发展的网络和生态互动的网络。

来自太空的地质学家

以地层学的视角去阐释人类世始于一次思想实验。"尽管听起来很怪异,让我们姑且这样假设:未来有一天,有一个陌生的智能生物造访地球,要对地球进行研究,而那时人类的后裔……已经完全消失不见了。"要想弄清楚我们这个世界,这个智能生物"只需要把一个新的元素,也就是人的灵魂,输入到算法中去……这样未来的地质学家如果想要研究我们这个时期的地质的话,最终得到的是人类智能历史的叙事"①。人类世的一位先驱安东尼奥·斯托帕尼(Antonio Stopanni)在 19 世纪 70 年代这样写道。最近几年,他所设想的这个思想实验实际上已经在扬·扎拉西耶维奇和他同事的撰述中印证了②。定义地层学意义上的人类世不是如克鲁岑和他合著者所强调的 GDP 水平或者国际旅游业的增长,也不是我在上一章结尾所描述的现在由人类控制分配的土地份额和生物生产力,而是那些在遥远的未来能辨别出来的作用在地球上的变化,因为它们对沉积层和冰雪的改变会被堆积挤压至岩石层和冰层。

设想人类文明在未来会逐渐消失,人类最终留下的地质足迹将与我们现在留下的痕迹类似。那么,如果外星人在距今 100 万年后登陆地球,并采用类似于现有的地质技术研究地球,又会是什么样的呢?扎拉西耶维奇认为,即使是在遥远的未来,地球还是会存有人类技术的记录,这个记录将会保存在一个很独特的岩石层,这个岩石层构成了人类世的下边界。

在一亿年以后,今天堆积的大部分沉积岩岩层都将会彻底

---

① Etienne Turpin and Valeria Federighi, "A new element, a new force, a new input: Antonio Stoppani's Anthropozoic," in *Making the Geologic Now*, ed. Elizabeth Ellsworth and Jamie Kruse (New York: Punctum, 2013), 40.

② 接下来论述的资料来源:Jan Zalasiewicz, *The Earth after Us: What Legacy Will Humans Leave in the Rocks?* (Oxford: Oxford University Press, 2008), and Waters et al., *A Stratigraphical Basis for the Anthropocene*.

消失，包括被洋流吞没、被风所侵蚀，抑或卷入地球的炽热内核中，剩下的也极有可能会被深埋在地下或者水底，基本上无法触及。但是，也会有一些碰巧在地表，就像现在有些可见于地表的亿万年前的沉积岩那样。正如有些白垩纪中期的岩石，当我们把它与其邻近时期的岩层比较研究时，我们得以重构出一些精彩的叙事。人类的区段所形成的岩石也有同样的功用。这些岩石看起来不会和地球上的其他岩层有多大的不同，可是也不会和周围的岩石完全一样。它们记录的是地球历史中众多断代中的一段很独特的时期。

正如扎拉西耶维奇设想的那样，100 万年以后的外星地质学家会逐渐把他们的注意力集中到现在堆积下来的地层。在追溯这个他们刚刚着陆的星球的历史之时，他们通过对比邻近岩层中的生物化石群，将对这些岩层之间的转折点感兴趣。大部分的重大转折点都是大规模的物种灭绝，如我们所见，现代还没有过全方位大规模的物种灭绝。尽管如此，目前堆积的岩石层之后的岩层，将与之前的岩层中的生物化石群组成有极大的不同。这种不同将主要来自物种的地理再分配，这是自有生命记录以来前所未有的。这个再分配的结果是永恒的，因为未来的进化将会在这个新组合的基础上发生。

现在外来的植物物种占遥远海岛（像新西兰和夏威夷）上所有植物物种将近一半，甚至在英国、加拿大和新英格兰等地，外来植物物种占比也超过 20%[①]。外来动物物种占澳大利亚和美洲的动物物种的绝大多数，比如说在旧金山湾区超过

[①] Peter M. Vitousek et al., "Biological invasions as global environmental change," *American Scientist* 84, no. 5 (1996): 468-478.

99%的动物物种都是外来的。外星地质学家可以直接辨别出来这些是外来物种，因为化石化的骨骼、叶片、足迹，还有花粉遍及之处已远远超过其在早前岩石层的范围。石化的形成机制意味着其中最清晰的记录是大量的可形成壳体的浅水微生物，由船体的压载水而分散在世界各地。可是还有很多不那么明显的迁徙痕迹也可以被找到。比如，在大平原的湿地中，欧亚常见的芦苇已经替代了本土的柳树，在芦苇秆间的颗粒状、富含二氧化硅的沉积物有可能为特色鲜明的沉积岩层提供原材料。入侵物种出现，本土物种通过与其杂交或作为一种应对机制，新的物种也会诞生，就像夏威夷进化出的五种新的飞蛾物种，它们以香蕉为食。有些物种已经发生了进化，比如说澳大利亚的公姬缘蝽由于以入侵的倒地铃为食而进化出了更长的喙[①]。现今的地层将会留下证据，表明有数不清的像这样的生态变化几乎同时发生。其中最突出的将会是这样的地质场域，它见证了由于最具破坏力的物种入侵而造成最粗暴的生态系统简化，这些物种包括甘蔗蟾蜍、板栗疫病、狼蜗、火蚁、鼠、兔子、壶菌、斑马贝、尼罗河鲈鱼、日本紫菀等等。

　　古生物学的循环很可能和很多由珊瑚礁形成的巨型石灰岩高原的趋平变化同步发生。珊瑚只能在有日光照射的上层水面生活，而上升的海平面伴随着一系列的困难处境——珊瑚正在变得过热，被酸化，也被工业废料毒害，被来自森林砍伐后的

---

① Laura D. Triplett et al., "The potential for multiple signatures of invasive species in the geologic record," *Anthropocene* 5 (2014): 59-64; H. A. Mooneyand E. E. Cleland, "The evolutionary impact of invasive species," *Proceedings of the National Academy of Sciences* 98, no. 10 (2001): 5446-5451; David L. Strayer et al., "Understanding the long-term effects of species invasions," *Trends in Ecology and Evolution* 21, no. 11 (2006): 645-651.

海岸沉淀物所污染，被以农业径流为食的海藻覆盖，还有为捕鱼而被炸毁。现在看起来珊瑚正在遭受灭顶之灾。（世界上超过一半的造礁珊瑚已经消失了，这种骤减的速度在过去几千万年从未发生过。）对于来自外星球的地质学家而言，珊瑚所遗留下的平顶石灰岩山脉应该是最突出可见的。

一旦外星人确定了这个转折点（岩层的转折点），也就是外来植物和珊瑚灭绝开始出现的时候，他们就有充分的理由去仔细研究现在的地质层。他们会发现有全球变暖这个情况（反映在海洋沉积物中氧气的不同同位素比例的变化），可能标志着在260万年前开始的寒冷气候中有一个跨度13万年的间断。① 他们还可能发现海平面的上升，这个现象总可以改变幅员辽阔的海底沉积的分配，而不仅限于刚被淹没的陆地。根据地质学的标准，近期海平面的上升还是微不足道的，可是南极洲西部的冰原的破坏已经是无法避免的了。② 如果格陵兰的冰原也紧接着出现类似的破坏，海平面会上升12米，那么后果可能就是长期可见的。

夹杂在岩层间的花粉粒会出现更明显的特征：尽管气候在变暖，森林的退化却在加速，同时有限的几个植物品种在全球大范围地扩散（包括人工栽培的主要农作物，特别明显的是，由于玉米的全球蔓延而造成花粉的大量生产）。海洋微生物由于吸收了化石燃料燃烧所释放的碳，它们的外壳包含了不同寻常的碳同位素的混合物。尽管大型动物的化石证据相对零散，

---

① David Archer, *The Long Thaw* (Princeton, NJ: Princeton University Press, 2009), 156.
② Thomas Sumner, "No stopping the collapse of West Antarctic Ice Sheet," *Science* 344 (2014): 683.

但驯化了的脊椎动物骨骼残骸必然可见。海洋的沉淀物中石灰岩会少得出奇，取而代之的是一层黏土——这是土壤酸化的证据。现代的铁，特别是钢的生产中（迄今为止加在一起总共是150亿吨）的证据会被保存下来，好几种之前很稀有的矿物质现在大量出现在水泥、砖块，还有陶瓷中，可能会一直存在下去。深层钻孔、采矿，还有地下核试验场地和储存设备都可能毫发无损，甚至塌方的矿山都会以角砾化、碎片化的岩石形态继续存在。①

这个思想实验是人类世能合理地成为一个新的地质单元的基础。我们已有充分的理据指出如今地层的突出特点，尽管未来发生的时间也将影响地层面貌在遥远未来如何呈现。如同其他地层，标志着人类世开端的这些变化的本质是独一无二的，而这些变化的类型几乎无一例外地都属于地层学分析的范畴。人类世的下边界将由全球性的证据所标记，并且地质学家在这方面早已有了一套成型的行业术语：气候过渡、海侵（比如说海平面上升）、礁石中断、矿物多样化的出现、碳稳定同位素偏移，还有独特生物扰动（矸子山和钻井，与动物洞穴类似）。这个边界会成为众多的化石组合带（物种迁移）的基准点，也是孢粉学（花粉）分析的基准点。地层学的人类世支持者一直坚称他们并不是要求在认可这个新的时期上面有特殊待遇。他们辩解道，尽管人类世在很多方面的确存在特殊之处，但是人类世满足正常情况下确定地质世代单位的基本条件。

---

① Jan Zalasiewicz, Colin N. Waters, and Mark Williams, "Human bioturbation, and the subterranean landscape of the Anthropocene," *Anthropocene* 6 (2014): 3-9.

人类的社会分层

要把人类世正式纳入地质年代表取决于发生在世界范围内岩石层组成的变化。之前我所描述的这些变化不一定能揭示将灵长类动物联系在一起的活动。原则上讲，即使外星球地质学家对于人类（斯托帕尼所说的"新元素"）所扮演的角色无甚了解，但他们仍可能把现在当成一个极为重要的转折点。对人类世的认可并不等同于宣称现在整个世界都要臣服于人类的能动性——这一点再怎么强调都不为过。这仅仅意味着这一系列的变化——即使从深度时间的角度来看也是极为重要的变化——正在星球系统内发生。

话虽如此，扎拉西耶维奇也曾论证道，即便在 100 万年以后，有关人类存在的印记依然会清晰地保存在地球上。他假设，一旦这些假想的外星人对现今的地层越来越感兴趣，他们会沿着现在所形成的海洋沉积一步一步向越来越浅的水域探索。到那时，当他们沿着现在的海岸线仔细搜寻，他们会寻找到那个扎拉西耶维奇所说的"城市岩层"：海岸城市的遗迹。（现在城市区域占陆地面积的 3%，并且集中在保存能力较好的海滨和三角洲海岸。）城市保存的情况将取决于海平面多快能把城市淹没在有侵蚀性的破波带（surf zone）以下。如果说恐龙化石能在地下存活 1 000 万年，那么，更有理由相信陶瓷和铅制的物件也一样可以。外星人就可以挖掘到水泥大楼的碎石，只不过那时已经变得"脱钙而松软"；汽车的部件也被挤压成"不规则的氧化物和硫化物的碎片"；还有"软化了的砖石"的纹路以及不透明的玻璃碎片。① 扎拉西耶维奇大胆猜测,他们甚至可以重构那个建设城市的物种大致的解剖结构。对于一个大型动物来讲,人类的数量出奇得多,而遗体埋葬更增加了骨架保存的机会,并且它们的排列惊人的整齐。

如果能走到这一步,地质学家肯定已经发现有智生命的存在痕迹。可是他们从中并不能推导出太多关于他们所研究的这个物种的生命意识,而只能对其行为做出推断。扎拉西耶维奇展示了地质档案是如何把人类呈现为一个单一、群居、迁移、杂食(食物网的绝大部分都可以被重构)、有技术习惯(矿物开采为化石燃料的使用留下了证据)的物种。从化石组合物的年龄构成可推导出这个物种是照料幼者的。但在另一个极端,有些骨架则揭露了蓄意屠杀的证据。因此,这些外星人没理由会把人类设想成格尔达·洛伊尔维克所说的那样,是"普世、超越历史的集合体"的一个无差别的物种,但却可能猜到存在族群间的暴力和战争。但是,扎拉西耶维奇也说,外星人对人类的研究有可能会局限于"宏大的生态术语"中。他认为,"从地质和埋葬学(石化过程)很难揣测出人类的本质是怎么样的"。要知道,莫扎特和舒伯特、莎士比亚和歌德、米开朗琪罗和罗丹在1 000万年后肯定都无法被复原。② 这当然正确,可是我想多说的是外星人由于无法解读人类埋藏于书画中的想法,可能有利也有弊。

扎拉西耶维奇写道,外星人的观点应该是"生态论的"、非人类视角的。他们是从人类和其他能量物质(煤、米、珊

---

① Zalasiewicz, *Earth after Us*, 189.
② Ibid., 236-238.

瑚、氮,还有铁)的互通过程的形态和强度来解读人类这个物种的,而不是来自人类的自我想象。这种解读毫无疑问是不完整的,可是它毕竟也是一种严谨的、剥离了想象的解读方式。尽管扎拉西耶维奇这样说了,但就算这种解读方式能对西方经典进行完整的研读,也不能抵达那个所谓的"人类的本质"。即使莎士比亚和舒伯特也只是特定时代和地域的产物,他们也不能调和什么永恒的人类精神。到头来,这种精神或者本质对我们来说并不存在什么现实性,对未来的外星地质学家而言就更谈不上了。外星人唯一将错失的不过是一个超越时空的人类本质的臆想。我们或许或多或少该试着从假想的外星人的视角去看地球,这么做反而会为我们现在的生态政治和批评带来一种不同的思潮。

这个产生出地层学视角的人类世的思想实验试图通过想象在未来呈现的地质痕迹来诠释现在。它没有把人类本质这个问题植根于世界的中心,可是却让所有那些自命不凡的人文主义相形见绌。外星人视角下的遥远未来是这样的:塑料、植被、人、浮游生物,还有二氧化碳分子全部都捆绑在一起。这些地质学家的研究对象是共同留下岩石证据的生态系统的整体。在他们眼中,星球系统中的每一个影响因素都与其他的因素一样具有真实性。在外星人这个例子中,我们获悉的一种生态思维方式是我们不应把"人"和"自然"对立起来互相推揉,像中国人握在手中的健身球。

这种生态思维方式所探讨的星际能量应该在人类世诞生之时就已存在。大家都听说过关于绿色政治是如何的特殊,因为其关心未来——跟其他人不同,环保主义者的目光并不止步于下一个竞选周期,而是关心后代,还有子孙后代从我们这里所接手的地球的状态。可是，这很大程度上是个骗局。所有的世俗政客，无论他们的政治倾向如何，几乎清一色的会允诺给他们的选民一个美好的未来，给他们的孩子们一个更充裕的生活。真正的自由开放的绿色政治并不会笃信亲属关系和世袭传承之类的话语，也会对那种为了维护西方那些还没有出生的孩子的利益而牺牲现在活着的人和赤贫的人的方式持恐惧态度。在这方面，地层学意义上的人类世对未来时间的态度很有代表性。他们的确是面向未来的。可是他们远比大部分的环保主义者看得更远，而且确切地讲他们是从未来回看现在。他们所关心的内容并不是1 000万年以后地球的健康状况，而是生物圈现在的状态；他们将其置放于深度时间的语境中，这样就可以更好地理解它。想象一下在遥远未来地球会变成什么样子，从而专注于现在的触手可及的具体现实。

因此，地层学视角的人类世对深度时间的态度和那些超凡借口之词恰恰相反，就是我在第一章中谈到的科林·图哲、大卫·布劳尔和马特·里德利的观点。尽管他们三人观点各有不同，可是他们都一度宣称大部分的历史是高度相似的，并且坚持无视在现有特殊条件下生存所面临的挑战。相比之下，"人类世"这个概念，使人更加关注现代世界中特有的危险因素和变化。这些危险因素在地质时间的背景下显得尤为清晰。这就是为什么我们要谨记，人类世工作小组的研究对象不是作为整体的人类世，而只是这个新时间单位的最早期的那部分。这个时期的开端就在我们周围，但这个时期的后半段（可能会维持到未来好几百万年）几乎完全无法预测。未来，可能正如前文工作小组所描绘的惨淡的情形，会被高浓度甲烷推动的临界高温和大规模种族灭绝所主宰；但是，它也可能是所有地质期中比较平稳的那个。可是，无论哪种情况，智人很可能会在这个时期下边界的化石记录中消失。所以并没有必要去担忧遥远的人类世的后期（更不用说"后人类世"了）。人类现在需要关心的是这个时期下边界的紧迫现实——它的生产的阵痛。

金钉子

地质学家被要求对过去 100 万年的地质分期所做的工作要比最近这几十万年还要细致。对于扎拉西耶维奇所设想的外星人来讲，奥瑞纳时期的燧石工具和迪拜的哈利法塔（Burj Khalifa）看起来应该几乎处于同一个时代。在他们眼中，这个新世代区间的起始点（基准点）可能不过是一个单一的人类活动岩石层。可是，如果他们可以像现代的学者那样重建人类历史，那么他们会如何界定这个新世代的开端呢？

上一章我们看到，定义人类世的争论经常围绕着人类世何时开始这个问题展开。每个人都认同地球持续的变化是一个漫长的过程，至少已经有好几个世纪了，并且这方面的先例可能可以追溯到更遥远的过去。然而，地质年代表不同部分之间的边界总是需要被不断修正，否则地球历史的研究就会陷入一种术语混乱的境地。这就意味着，如果这个新提出的地质世代要收录到国际地质年代表中，那么我们就需要拣选出某个特定的日期来代表全新世到人类世的转变。由于这两个相关的时期相对较短，很多人都认为应该把这个转折点定在具体的某一年。和扎拉西耶维奇的外星人的观点相比，试图确定某一个准确的年份可能看起来有点吹毛求疵了。可是对于起始日期的争论就应该有巨大的投入。给这个新世代一个精确的时期，正是这种努力使得地层学人类世需要与全球环境历史进行对话。

定义人类世的基准点有两种方式。比较简易的方式是给人类世安排一个用数字代表的年代，比如我们可以说，这个世代从 1784 年或者 1950 年开始。这个全球标准地质年代（GSSA）的方法可以被用于定义地球历史中的早期断代，也就是复杂的生命出现之前的时代，因为彼时不存在古生物的证据。人类世的地层学家面临类似的挑战，可是却出于完全相反的原因，也就是数据的大量存在。当然他们也有一定的优势，能够通过准确的已知历史记录而选择一个日期。从这两种原因来看，直接用 GSSA 方法来定义人类世还是有其可取之处的。

但总体而言，另一种方式更受推崇，也就是以现实世界发生的事件为参照的方法。在这种方式中，沉积岩中某个具体的变化（比如说意大利采石场中灰绿色泥灰岩床的出现）被用来代表地质断代的转变，并被命名为全球界线层形剖面和点位（Global Boundary Stratotype Section and Point）或者 GSSP。在实际操作允许的情况下，一个金色的金属记号器会被打进相应的岩层：正是这个原因，GSSP 经常被称为"金钉子"。地质断代就是由金钉子所在的岩石记录的变化所定义的。这样，地质断代的年份来自对地球化学组成中可见变化的日期的研究。现在地质学家正在依靠 GSSP 对过去五亿年所有的地质时间的边界进行修订。如果人类世也可以用这种备受推崇的金钉子方法来确定，那么就必须从最近地球组成的变化中拣选出一个，来作为其开端的标志。

一个完美的分割地球历史单元的地层标志应该是在全球范围内能找得到的。它对于每一个训练有素的观察者来说应该都是显而易见的。它应该同时出现在地层记录中且无处不在，并且我们可以精准地确定它的年代。它应该是保存在连续的沉积岩层中,这样,可以对它之前之后的环境做全面的比较。此外,更保险的做法是,应该存在一系列独立于这个标记的副标记。这个标记应该看起来可以无限期地保存到未来。

可以料想到的是,地层界限的完美标记并不存在。大部分边界都和某种特定化石物种最初或者最后的出现息息相关。为这个目的所选出的物种总是广为分布并且易于识别的。尽管如此,还是无法做到百分之百精确。几乎可以肯定的是,已知的最早或最晚的样本都不会是这个物种中的第一个或者最后一个成员。物种一般是在世界的某一个地区首先出现,然后才扩散到其他区域。这个进程可能要花上好几千年的时间,并且推测出来的物种在某一地区出现的时间也可能有几千几万年的误差。物种只会局限在某些生态环境中存活繁衍,并且其中只有很小的一部分生态环境会被保存下来以供研究,而其中只有更小的一部分会被真正拿来做研究;甚至,这些地点的保存标准也会参差不齐,或者这些参照物种周围保存的证据的数量和种类也有着巨大的差异。最直接可见的证据也最容易随着时间的推移而受到侵蚀。

正由于有这些不确定性的普遍存在,我们也不应该要求人类世的备选标记达到其他金钉子都无法企及的完美标准。说人类世没有一个开始日期作为清晰的标记,或者说没有一个备选标记独占鳌头,这样的说法并不是反对人类世,而是说明代表下边界的标记必须从一系列的论辩中产生。我们至少可以提前确定这个论辩的规则。既有的地层学操作规范为如何评判这个新世代的标记提供了标准。

一些细心的观察家怀疑,应该没有哪个备选的人类世标记能满足地质世代命名的基本条件。顺着这种思维方式,我们并没有足够的证据(至少迄今为止还没有)去给地质记录引介一个新的世代。"人类世"这个概念也不应该被地层科学的机构所定义规范。这些持怀疑态度的人并不认为"人类世"作为一个地质学概念的成立能满足一个最基本的要求——也就是实用性的要求。毕竟,最近几个世纪历史的书面记录可比海洋沉积层的记录详尽得多。相关的沉积层可能过于单薄、过于模糊,从而并不能构成一个新世代成立的基础。人类世的立论既包含了对于现今人类遗留痕迹能保存得多好的推测,也包含了对于这些痕迹在未来的观察家面前能有多清晰的呈现的推测。不过至少,我们可以想象,"另外一个长期的巨型溢流玄武岩的断代或者另一次大型小行星碰撞的影响可能会远盖过任何人类活动的沉积学或者地层学记录"。①

再者,人们可能会发问,在不削弱那些显示了人类活动所造成的巨大变化的科学证据的情况下,人类世和之前的全新世之间是否存在分割清晰的地质边界,特别是考虑到全新世的标记也一样是来自越来越严重的人类影响。从规模上看,现在的物种灭绝浪潮(正如我们所观察到的,还不到所有物种的百分之一)还未达到一个地质时期的规模,气候变化的最大的影响还没有到来,由污染、过度捕捞和栖息地毁坏等地域性危机造成的最坏的影响,如果在政治上施以足够的压力,还是有可能得到改善。相反,如果现在的环境压力进一步增加,这也可能构成反对仓促的宣称人类世的理由。人口的变化趋势意味着在

---

① S. C. Finney, "The 'Anthropocene' as a ratified unit in the ICS International Chronostratigraphic Chart: Fundamental issues that must be addressed by the Task Group," in C. N. Waters et al., *A Stratigraphical Basis*, 26.

21 世纪的下半叶之后人口数量将达到最高峰，届时会有 100 亿人。我们有足够的理由预测至少在 21 世纪 20 和 30 年代左右气候、能源、水、污染和土地使用方面的冲突会愈演愈烈。如果现今大部分的世界危机都势头凶猛，给这个新的世代正名再等等又未尝不可。人类世的备选基准点很可能在不可预知的未来：比如一次核武器的互搏，或者是一次颠覆性的地质工程。

简而言之，可能现在把人类世放入地质年代表当中还为时过早。在没有机构为此正名的情况下，这个词就可以继续在非正式场合较为宽松地使用。这种比较随意的使用方式可能是现今最切合实际也是最发人深省的选项。

虽然这种观点没法说服我，不过我可以看到这个观点的魅力。这个本身值得怀疑的观点的变体也同样有可能出现，尽管它可能包含着不同的意涵。假设你同意现在宣称人类世还为时过早，因为这个新的世代最合适的边界可能是在未来，是在几个世纪以后。你可能（并没有不一致）在认同这个观点的同时，并不冲突地，同时认为现有的证据已经表明了我们的世界早已不可逆转地坠入一个持续进行的"世代"级别的转变期。也就是说，你可能认为向下一个世代的转变还没有完成，同时也同意保罗·克鲁岑的观点，认为我们的世界早已变得面目全非，以至于全新世不可能超过现今的危机，在任何层面都不可能。

依照这个怀疑论观点的变体来看，人类世抑或已经开始，抑或将要开始。如果人类世还没有到来的话，只能有一种原因，就是它会在未来某个时刻以不同的方式到来——来得更为猛烈，更为毅然决然。这么说的话，我们的世界现在的确处于两个地质年代之间。或许生活在现在的人们还并没有完全见证这个转变的过程,因为这个转变过程还没办法衡量和追踪。或许他们所见证的正是那个转变的不可能性(虽然这听起来很矛盾)。他们生活的时代正经历着如此巨大的扰动,有着如此大的变化,以至于只有在未来反观现在,他们才能认知现在,确定一个可靠的人类世诞生的确切时间。即使当今最尖锐的观察家也是如此近距离地观测我们这个新的世代,以至于他们几乎什么都看不到。这并非意味着全新世和人类世的界限近在咫尺,而是意味着,这个界限就是当今世界的决定性特征。直到有一天我们可以往回看,然后说人类世的诞生已经完成,其开始阶段已经结束,我们就既不在这个地质期也不在那个地质期,而是处在二者夹缝之中。

至少目前看来,这个观点跟那种持全盘怀疑论的观点很像,两者都反对从地层学的角度确立人类世。如果这个观点听起来很有吸引力,那是因为它提醒我们来自国际地质科学联盟的命名认可并不是关于地层学意义上的人类世最重要的事情。(最重要的事情是它提供了一种在深度时间的语境中理解环境危机的视角。)尽管困难重重,帮助正式确立人类世的证据正在集结——可能是基于一个日历的时期(全球标准地质年代 GSSA),或者是基于已有的沉积记录中的"金钉子"(全球界线层形剖面和点位 GSSP)。这些证据大部分都来自伦敦地质协会出版的一个标志性的专辑,名为《人类世的地层学基础》。它是由科林·沃特斯(Colin Waters)带头的几个科学家撰写的——沃特斯是人类世工作组的秘书,也是这个小组的核心组织者。对不同的备选"金钉子"做出评估意味着要审视人类世这个想法是如何跟最近这 500 年的世界环境历史对质。

第一组备选项：玉米、地下通道、煤炭

地层学意义上的人类世的开始日期不可能是在中世纪之前。我们已经看到威廉·拉迪曼还有其他人提出的把人类世的开始日期定在几千甚至几百万年以前的提议，他们使用这个词的语境非常不同。湖床、三角洲、花粉一起记录了这1 000年以来的森林退化、水土流失、土壤改变，这些变化有时候发生在很广大的地区。格陵兰有一层冰芯的铅含量浓度升高，这记录的是迦太基和罗马时代西班牙南部的采矿活动。[1] 可是像这样的变化并不能算地球系统中一次地质世代级别的转变。这些变化的时间跨度很长，它们长期的效应非常有限，而且它们发生的范围几乎不超过一个洲。人类世所有可能的边界都在上一个千年内。

的确，《人类世的地层学基础》的编辑们更倾向于把工业革命之前的日期排除在外。他们这么做可能有点过于草率。比如说，哥伦布环球航行通过大西洋而使得欧亚非大陆和美洲大陆产生了一次生态融合，后来他的太平洋航行达到了类似的效果，此类航行和贸易交换就可能成为人类世的"金钉子"，对这种备选项我们还不够重视。[2] 如果只是从人类世如何不断地

---

[1] Kevin J. R. Rosman et al., "Lead from Carthaginian and Roman Spanish mines isotopically identified in Greenland ice dated from 600 B.C. to 300 A.D." *Environmental Science and Technology* 31, no. 12 (1997): 3413–3416.

[2] 请参照：Kent G. Lightfoot et al., "European colonialism and the Anthropocene: A view from the Pacific coast of North America," *Anthropocene* 4 (2013): 101–115; Simon L. Lewis and Mark A. Maslin, "Defining the Anthropocene," *Nature* 519 (2015): 171–180.

掌控非人类世界这个视角入手,那么我们就很难看清楚到底发生了什么。在哥伦布的贸易交换中人类所扮演的角色则有所不同:人类扮演了一个沟通者的角色。克里斯托弗·哥伦布(Christopher Columbus)还有他的水手们给予了欧亚非大陆和美洲大陆的生物区互动的机会。这两个大陆由于海洋的隔断几百万年都没有什么交流,而由于他们的商船的航行,在低纬度出现了这两个大陆之间的生态关联,这点在下文我会详细解释。这个百万年未发生的事件的确可能成为地质世代边界的标记,而这个事件所带来的农作物、野草、动物和疾病的交流及扩散对地层记录产生了巨大的影响,对人类历史更是如此。

哥伦布的航行对美洲的影响最为突出。美洲大陆的地貌景观(旧世界也如是)被人类社会深刻地影响着:安第斯山脉和亚马孙河流域、中美洲、北美洲的西南地区和东部林地或多或少都受着以农耕为主的人类文明的影响;而其他地区又受着以捕猎为生的酋长部落的文明影响,这些部落通过捕猎而使得关键的被捕食物种的数量控制在一定范围内,也通过使用火种掌控了一定范围的土地。然而,欧洲的殖民者给美洲大陆快速引入全新的环境体系。由于流行疾病、战争和强迫劳动的引入,美洲大陆人口数量骤减;陆地及其周边的海域里的海狸、水獭、鲸鱼、毛皮海豹,还有鳕鱼几乎都消失殆尽;土地不断被掠夺,被糖类、棉花、咖啡和烟草等单一经济作物所占据;树林被砍伐作木材和造船之用,或者在废墟上大量重生;野草和野马、驯养的牛和猪的活动区域远远超过了欧洲移民的定居区;早期的水文情势和火种的使用情况被大坝、灌溉和各种禁止燃烧法案所替代。同时,美洲的农作物也向欧亚非大陆传播。新世界中的主要作物接受度最高也是最快的地区发生在世界上人口最多也是最发达的地区：中国。在中国，由于玉米、番薯、花生的引进，明朝的人口翻了一倍还多（之后，人口持续快速增长，最终导致了慢性的土壤流失和脆弱的地缘政治）。玉米和木薯成了非洲的主要农作物。土豆和玉米养活了欧洲的农民阶层。

这些变化以不同的方式留下了经久不衰的地质印记，而这些印记可用于地层研究。如果人类世是从哥伦布贸易交换的那个时期开始的，那么依照 GSSA 的规定（得确定一个固定的日期），1492 年毫无疑问应该是这个起点。而从 GSSP 的规定来看（得有一个真实世界中的参照物，或者说"金钉子"），那么人类世开端的确立可以基于玉米花粉的组合带在欧亚大陆沉积物中的首次出现，或者基于美洲大陆的考古记录中旧世界的驯养动物——马可能是最合适的物种——的首次出现。① 由于物种迁移在人类世的地质学标记中异常重要，这么做看起来无可厚非。

尽管如此，哥伦布的贸易留下的地质印记轨迹依然是"跨时间的"，在几个世纪间从一个地区扩散到另外一个地区。如果我们强调 1492 年是现代世界诞生日的话，那就大错特错了。西欧国家对美洲的剥削并不是理所当然的，而一定程度上是之前那个世纪的经济转型的结果，也是好几次的探险结果——这些探险都各有自身的地层学意义，比如说加纳利群岛的那次入侵就是一场精心策划的预演。需要着重指出的是，殖民新世界并未立刻创造一个以欧洲为中心的世界经济体系或者生态体

---

① Anthony D. Barnosky et al., "Prelude to the Anthropocene: Two new North American Land Mammal Ages (NALMAs)," *Anthropocene Review* 1, no. 3 (2014): 225-242.

系。相反，这个事件的首要作用（并且异常重要）在于它把美洲大陆纳入以印度洋和东亚为中心的全球贸易网络之中，使其成为世界贸易体系中的外围地区。欧洲国家也是在有了来自新世界的生态资源和稀有金属之后，在 18 世纪才达到能与中国和印度发达地区旗鼓相当的发展程度。

威廉·拉迪曼和他的同僚认为美洲的再生森林使大气中二氧化碳含量显著下降，这导致了一次小型的冰河时代，可是，除了这个争议很大的假说外，这个跨洋的互动几乎只局限在生态圈内的，与大气圈和水圈无关。尽管这些生态变化几乎可以确定是超过一万年前上一次冰川期以来最显著的变化，可是从地层学的角度来说这些还不能构成一个地质年代级别的变化。15 世纪或者 16 世纪顶多算是这个新地质年代可能的开始日期的外部边界。总体来说，"金钉子"还是最好定在此后的时段内。

然而，不论怎样，这个时期的社会生态突变至少是人类世诞生的一个重要前提。最好的办法是我们并不把 15 世纪晚期当成人类世开始的日期，而是当成全新世开始向后来的世代转变的阶段。

在 15 世纪和 16 世纪，欧洲的资本主义社会开始在世界各地建立全球商品的产业链，资本主义本身的发展逻辑也使全球各个区域生态恶化不断加剧。书写世界历史的人们经常把这个时期当成现代世界体系开端一个有决定意义的分界点。因此，对"人类世"反对声音最大的学者杰森·摩尔（其实，他针对的只是克鲁岑的首份草稿中的论述），提议"资本世"是一个更为合适的术语。这两个概念最明显的区别在于资本世开始于那个"漫长的"16 世纪，而克鲁岑最初把人类世的开端定于

18世纪晚期。如果说向人类世过渡的阶段早在15世纪下半叶就开始的话,那么这种观点就和摩尔所认为的非常一致了。① 根据摩尔的分析,中世纪的危机使欧洲社会的不同阶层找到了利益的结合点:欧洲的君主政体各级机构、后封建时代的庄园地主,以及重商的城邦国都偏好资本主义的领土扩张,而这又促成一个新的机构的产生,它们都要求快速商品化并攫取大西洋群岛、西非、加勒比、巴西和印度洋的香料群岛中的各种生态资源。共同利益是导火索,而全新世到人类世的转变就是大爆炸了。地质学家谈到某个地质年代结束的时候会用类似"二叠纪之末事件"或者"三叠纪之末事件"这样的词。从地质学的视角来看的话,中世纪后的世界体系可以看成"全新世之末事件",而这个事件还处于不断发展之中。

克鲁岑最初提议把人类世定在1784年,也就是詹姆斯·瓦特获得蒸汽机其中一个专利的时间。自从这个提议面世以来,人类世工作小组更专注于考虑把人类世的开始日期定于17世纪世界危机发生以后。把人类世的基准点跟英国的工业革命联系在一起,这个观点经常被讨论,也的确有它的合理性。然而,对于工业化的狭隘理解目前却限制了大部分关于把GSSA或者GSSP放置于漫长的19世纪的论争。根据这个模型,工业革命是由新技术的发明和使用所开启的。工业革命在英国开始,后来逐渐波及其他地区,并在那些开始工业化的国家生根发芽。这个传播论假说又反过来衍生了一种担忧,就是这种放置于18世纪晚期19世纪早期的"金钉子"可能有欧洲

---

① Jason W. Moore, "Ecology and the rise of capitalism" (PhD diss., University of California, Berkeley, 2007), www.jasonwmoore.com.

中心主义倾向。可是，如果从另外一个角度理解工业革命，比如说把工业革命作为世界经济史的一个事件的话，我们就可以打消那种欧洲中心主义的恐惧了。英国的纺织和炼铁工业的确是工业生产的先驱，可是这只是全球贸易系统重塑的一环。这个贸易系统横跨五个大洲，盘活了南美洲的银子、加勒比的糖、北美洲的棉花、非洲的奴隶的流通，以及聚集着更多人口的西北欧、中国和印度等地区的消费品的流入和流出。

考虑到经济和人口因素，英国之所以能领先实现工业化是因为其相对于能源较高的劳动力成本，以及其高压的殖民策略。自从黑死病出现以来，英国薪水一直保持在相对较高的水平（农民比以前少，使他们更有议价权），部分是因为英国的农业不以稻米为主，使的养活劳工的成本要比在亚洲高出许多；而东北部唾手可得的煤矿资源也使能源颇为廉价。英国这种不平衡的巧合使投资技术发展机器生产取代人力劳动变得有意义。特别是在生产棉花的工业中，英国的棉花加工商可以从加勒比和美国南部的依靠奴隶生产的种植园攫取廉价的棉花原材料，然后把加工好的布料卖到新世界去，这个交易的利润十分可观。然而，在此过程中并未产生太多发明理念上的真正突破，包括詹姆斯·瓦特和其他人（事实上，欧洲物理发明的黄金时代是在 17 世纪，而不是 18 世纪）。相反，一系列的技术革新和效率提高接踵而至，直到英国加工的产品变得比全球其他竞争者的定价低的时候才停下脚步。这也是为什么会说英国的工业化跟印度的去工业化有一种，用气候学家的话说，遥遥相关的关系。

18 世纪，中国和印度在很长时间内依然比欧洲的政体和市场更有竞争优势。可是，19 世纪的上半叶，东印度公司摧毁了印度众多的王公领地（他们在18世纪莫卧儿王朝分裂后趁火打劫），印度次大陆从此发生剧变。印度，而非英国，这个曾经的发达经济体和世界上主要的棉花制造商，沦为原材料的供应地，并且由于没有关税的保护成为英国加工商品的倾销地。中国也在19世纪中叶被强行开放通商，当时正值其经济走向衰落，农民起义和西方列强的侵略并举，还有紧接其后的环境灾难，最终在英帝国毒贩的武力逼迫下打开市场。到1820年，英帝国已把四分之一的世界人口收入囊中。殖民地对于当时英国的境况尤为关键——英帝国已具有了强大的中央政府和充足的资本，还有高额的薪资和广阔的开放市场，这些条件共同把英国推向机械化和以燃煤为动能的生产模式。

简而言之，19世纪早期发生在欧洲（低地国家和英国）工业化的地质印记主要由欧洲生产向其他地区出口的商品而形成。由于欧洲国家的军事入侵和殖民行径，这些来自欧洲的加工品替代了非欧洲国家的加工制造业。把"金钉子"定在19世纪早期，尽管是基于西欧本地的生态变化，也有其合理性，因为它反映的不仅仅是局限于欧洲的现象，而是世界范围内的经济、人口和政治的重构。

然而，能否在漫长的19世纪找到一个充分的地层学标记还是另一回事，因为19世纪并没有哪个事件能像哥伦布"水手"的航行有那么清晰明确的日期。如果以煤炭为核心的工业化是这个世代最明显的特征的话，那么化石燃料燃烧释放的微粒造成的湖泊、泥煤和海岸泥沙污染就可以是"金钉子"的备选项（尽管煤炭燃烧造成的某个地区的污染在更早的日期就发生了，后期污染的规模又扩大得更快）。另一个备选项是19世纪蒸汽机丢弃的煤炭残余物，或者说是煤炭熔渣，这些残余物在之前相对纯净、沉积物丰富的海床中留下了很明显的地质痕迹。人口的数量也出现了显著的增长（英国和爱尔兰在 1841 年之前的 60 年间翻了一倍），同时，农业生产、牲畜数量、入侵物种大幅增加和城市区域不断扩大。对现代人来说，森林退化是欧亚大陆环境变化最直接可见也是最令人担忧的迹象——1800 年左右，中国（特别是在南部地区）、日本和欧洲的很大一部分地区（英国、低地国家、德国，还有地中海地区）树木的减少已经引起了相当多的关注。所有这些变化对化石组成带、花粉记录，还有河流、湖泊和三角洲的沉积物都有着深刻的影响，其中某些变化可以成为确立人类世的证据。

不断增长和建筑结构越来越复杂的城市也可能成为一个有趣的备选项。地质年代表中一个很重要的分水岭介于元古宙和显生宙之间，它们区分的标志来自一种鲜为人知的类似昆虫生物的洞穴，地层学家认为它预示着出现了一种崭新而复杂的动物行为。人类世成立的基础也可以以同样的方式来标记，也就是人类在城市中建造的日益复杂化的"洞穴"。因而，马克·威廉姆斯为首的研究团队建议把"金钉子"定在伦敦城市地铁最早的某个车站的建成之日，把人类世诞生之日定为 1863 年。①

持续的人类活动痕迹从生物圈到大气圈扩散，标志着 19 世纪与近代早期的主要区别，这也意味着冰层、洞穴堆积物（特别是石笋）以及海洋微生物外壳的化学组成都可能成为"金钉子"的参照标准。或许，我们可以赞同克鲁岑最初的想法，通过大气中不断升高的二氧化碳浓度或者直接通过海洋生

---

① M. Williams et al., "Is the fossil record of complex animal behaviour a stratigraphical analogue for the Anthropocene?" in C. N. Waters et al., *A Stratigraphical Basis*, 143-148.

物身体中碳同位素比例的变化来定义人类世。把大气中碳含量的变化作为"金钉子"的优势在于它的全球性；可是它也有劣势——逐年比较的话，二氧化碳含量浓度的变化不是骤变的，而是相当平缓的。因而，"金钉子"必须要反映很有象征意味的里程碑，比如说在1900年之后没多久大气中二氧化碳含量的水平超过了300 ppm。

还有最后的一个选项提醒我们，没必要认定人类世的"金钉子"必须是人类活动。1815年的4月份发生了全球过去1000年来最大型的一次火山喷发，位于印度尼西亚的坦博拉火山，由此引发的三年极端天气和庄稼歉收影响了世界上的绝大多数人。画家特纳在他日落题材的画作中曾用深红色来描绘这次火山喷发。这次火山喷发的硫黄在南北两极的冰层中都有遗留，在热带的冰川中也能找到，甚至形成一个绵延长达几千公里的火山灰颗粒岩层（尽管并不是全世界范围内都有这样的痕迹）。[1] 这次火山喷发发生在维也纳会议和拿破仑的"百日王朝"之际，这个时间点正好也与克鲁岑和麦克尼尔提出的人类世两阶段论中第一阶段开始的时间相重合。如果这个被选为人类世的"金钉子"的话，这就进一步说明这个新地质年代的界定不能脱离地质记录中的非人类影响。不过，或许19世纪并没有哪个备选项特别突出。适合作为人类世基准点的备选项散落在漫长的19世纪中，其中很多的备选项是在地的，而非全球性的，还有一些备选项，它们是否能在地质记录中长期

---

[1] Victoria C. Smith, "Volcanic markers for dating the onset of the Anthropocene," in C. N. Waters et al., *A Stratigraphical Basis*, 283-299.

存在还值得怀疑。

第二组备选项：水泥、铅、钚

虽然把"金钉子"放置于15世纪到20世纪早期之间存在一定可能性，但并不那么令人信服。因此，地层学家越来越接受为人类世诞生确定一个更近期的时间点。几乎还没人讨论过把开始日期定在上一代，因为这种情况下的沉积层还非常细薄。可是20世纪中叶就另当别论了，现在有越来越多的人开始讨论把人类世的起点确定在20世纪50年代左右。这种观点意味着要承认现代世界生态体系的确在近期才真正到来，并且承认人类在过去70年间对地球系统造成的变化成级数增加。1950年世界的人口大概是25亿；到2011年，它已经达到70亿。在两次世界战争和大萧条对世界造成巨大创伤后，全球平均人均GDP快速增长，1913年到1950年间平均年度增长不到1%，而在1950年至1973年间接近3%，同期经济活动增长了11倍。而支持这种增长的技术与其所造成的环境破坏强度也大幅度增加。（比如说，在第二次世界大战开始之际，甚至在英国的农场中马匹的使用也是拖拉机使用数量的十倍之多。）[1] 或许直到现在这种世代规模的变化才真正凸显出来。

这个快速增长有一个重要原因，其他的发达国家逐渐变得富裕起来，开始投资资本更密集的技术产业——美国早在

---

[1] International Monetary Fund, *World Economic Outlook: Asset Prices and the Business Cycle*, May 2000 (Washington: IMF, 2000), 154; B. A. Holderness, *British Agriculture since 1945* (Manchester, U.K.: Manchester University Press, 1985), 113–115.

1945年以前就已经完成的事情。还有另外一个原因,就是同样在这些国家,更激进的经济规划以及资本和劳动力的社会配置所造成的结果。可是正像工业革命那样,我们也可能对20世纪中期的"黄金三十年"有着过于狭隘的理解。我们可以如此想象:资本从发达国家撤出并转向那些落后的地区,新的经济秩序才在发达国家开始,然后影响了世界上的其他地区。事实上,世界范围内的贸易整合已经是一个既定的事实,那么我们就需要一个更具全球性、更系统性的视角来审视战后"大加速"发展的经济和生态结构。

美苏冷战的世界格局为处于地球南部的第三世界国家提供了一个加入世界经济体系的新的运作方式。因为北方的薪资水平和生态资源消耗处于较高水平,处于经济体系边缘的经济体对北方核心制造业的运转极为重要。在欠发达地区,对于集体所有资产的掠夺并没有太多约束性的规定,于是这些地区成了便宜的工业原料、生物资产(尤其是石油)和低技能的劳动力储备的供应来源,也是污染和剩余产品的倾销之地。正如麦克尼尔在讲述20世纪环境历史中所详细展示的那样,这就是"二战"后超速的生态变迁和生态恶化遍布世界各地,而不是局限于那些利润率最高的工业地区及其周边的原因了。[①] "大地上的受苦者"并未被战后"大加速"经济腾飞排除在外,而是其中有机的一分子,只不过他们的参与被经济精英所定义。正如工业革命,其意义在于尽管这个时期的地层学标记直接来自富裕世界里的工业、技术、城市化,抑或是(在此需要特别

---

① J. R. McNeill, *Something New under the Sun: An Environmental History of the World in the 20th Century* (London: Penguin, 2000).

强调）军事和地缘政治战略，可是并不能说地层学标记是欧洲中心主义或者北约中心主义的。相反，它们体现的是对世界范围内的国家和人民都有影响的制度变化。

把人类世这个"金钉子"安插在"二战"之后的最大困难在于其时间段过短。人类世的基准点将会基于并不稳固的表层沉积，在地质记录的上层边缘时有时无，并很容易受到各种扰动。海洋深处这样的扰动会少一点，但即便如此，人类世阶段的沉积也只有纸片那么薄的一层。然而，即使是把人类世的边界定在几世纪甚或是几千年以前也会面临同样的问题；而如果把人类世定在"二战"以后则一定有其优势，因为在这个时期中地球系统的变更有着很高的可见性，并且在全球范围内都有着高度的共时性。

定在这几十年的"金钉子"有很多备选标记，它们各有优劣。战后巨型城市的快速扩张可以作为一个可能的标记，还有贯穿全球的公路网络（现在这个公路网要比富含铱的黏土层范围还要大，这个铱黏土层是由使恐龙灭绝的希克苏鲁伯陨石影响形成的，用以区分白垩纪和早第三纪）。"金钉子"也能标记出沉积层的组成变化，这些变化可能是由前所未有的大坝修筑、土木工程、灌溉，还有海底拖网捕捞所引起的。它既可以反映采矿和钻孔作业的强度不断增加，也反映了由于化石燃料的燃烧而造成的更大型的碳同位素偏移。还有其他的一些备选标记，比如说海底钻探、深海垃圾排放、海床干扰，这些标记的优势在于大陆架以外的生态变化大概开始于20世纪中期以后，而劣势在于深海的沉积物堆积的速度很慢，所以很难形成比较容易确定日期的岩层。同样，"金钉子"也可以基于战后矿物密集出现，比如水泥、塑料、铁、钢、砖、玻璃、陶瓷等的大规模生产——98％的铝的生产都是在1950年以后实现的。

这里最有力的竞争者都是以生物为基础，比如说珊瑚礁的破坏。我们已经看到，物种的迁移已经改变了我们的世界，可是古生物学者安东尼·巴诺斯基论证道，"岩层中所记录的本土与非本土物种的交融变得普遍的时刻，最接近的年份应该是1950年"。同样，小型海洋动物和花粉量大的植物如藤壶、贻贝、蛤蛎、草等，这些是对于地层研究最为重要的外来物种。巴诺斯基也提出了一个可能的人类世谱系带，"未来的古生物学家"应当可以辨识糖分很高的玉米是在20世纪中叶首次被合成的。① 微体化石是地层学分析的基础单位，它更适合用于富集带研究方法，因为这种方法专注于某一个特定地区物种的群体大小的变化而不是这个物种何时首次出现。20世纪中期见证了微植物和微动物群整体上的扩散，这些群落"能忍受富营养化、缺氧、金属污染、水质酸化和水中盐度的变化"②。由于壳体的化石化比较完全，深受古生物学家喜爱的昆虫类、介型亚纲动物中的小型甲壳动物、硅藻类生物中的光合藻类、鞭毛游动沟鞭藻的包囊，都可以很敏感地记录水域中的污染、盐化、富营养化，还有升温现象。对这些微生物最重要的影响基本上来自它们自身的水域。选择这个地域性的案例来代表全球的地质年代改变，其实问题也没有那么大，因为类似的情况在全球的范围内几乎同时在发生。

甚至落基山脉上被雪包围的湖泊，尽管其远离污染源，在

---

① Anthony D. Barnosky, "Palaeontological evidence for defining the Anthropocene," in C. N. Waters et al., *A Stratigraphical Basis*, 155, 161.
② 1. P. Wilkinson et al., "Microbiotic signatures of the Anthropocene in marginal marine and freshwater palaeoenvironments," in C. N. Waters et al., *A Stratigraphical Basis*, 206.

1950年以后也表现出了同步变化。降雨和降雪把近期含量近乎翻倍的活性氮一直带到这些遥远的湖泊之中。更确切地讲，通过观察湖床沉积物样本氮15中氮同位素占氮总量的比例减少，我们就可以推断出这种污染的存在。这种减少的现象可以作为"金钉子"的备选项，此现象同样发生在"二战"以后：从1960年到2000年氮肥的使用量增长了九倍之多。① 其他在全球范围内扩散的化学污染物提供的参照点也很接近。格陵兰冰层中的铅含量浓度在20世纪60年代达到了峰值，比背景值高了两百倍（之后由于无铅汽油的使用而有所下降）。锑含量浓度也反映了类似的情况，不过其浓度不但没有减少反而不断攀升。煤炭和燃油在1 000摄氏度以上燃烧时会产生一种特殊形态的黑色碳颗粒，这种颗粒能够散播到世界各地区的湖床、泥炭地和冰层之中。人类的各种工业制造似乎是这些污染的主要来源，这些污染是全球范围内变化的直接驱动因素，而其增长的速度在20世纪中期的时候有显著增加。这些污染物有极大的可能性将继续保存下去。②

最后还有一个基于核爆炸的可能备选项，应该是最令人信服的。如果按照全球标准地质年代（GSSA）和全球界线层形

---

① Alexander P. Wolfe et al., "Stratigraphic expressions of the Holocene-Anthropocene transition revealed in sediments from remote lakes," *Earth-Science Reviews* 116 (2013): 17–34; Donald E. Canfield et al., "The evolution and future of Earth's nitrogen cycle" *Science* 330 (2010): 192–196.

② Graeme T. Swindles et al., "Spheroidal carbonaceous particles are a defining stratigraphic marker for the Anthropocene," *Scientific Reports* 5, no. 10264 (2015), doi: 1O.1038/srep10264; Neil L. Rose, "Spheroidal carbonaceous fly ash particles provide a globally synchronous stratigraphic marker for the Anthropocene," *Environmental Science and Technology* 49, no. 7 (2015): 4155–4162.

剖面和点位（GSSP）定义这个地质年代的话，人类世工作小组成员的两篇论文中的提法可能是迄今为止的"金钉子"的首选项。如果人类世的边界是基于一个日历的时间点的话，或者说是全球标准地质年代的话，那么这个边界日期就会定在1945年7月16日的"战时山地时间5点29分21秒"①。这是曼哈顿计划首次核武器试验的时间，就是代号为"三位一体"的核试验，它是新墨西哥州沙漠黎明前出现的那道白光。三个星期之后就发生了广岛的核爆。"三位一体"核试验是一个清晰的标记。核试验是客观存在的新的物理现象，它是地球表面首次出现的失控的核子反应。它的意义不限于局部地区，而是全球性的——1945年夏天，美国在太平洋上已经胜券在握，核弹爆破的主要战略意图在于塑造冷战的世界格局。把地质年代定于1945年7月中旬可能并不会打消某些疑虑，比如说推崇人类世的人过于专注高科技还有西方富裕国家的各类事件。可是其基于军事的时间点肯定会打消一些疑虑，比如说那些批评人类世把人类当成一个不加区分的整体的观点。选择这种定义最好的地方在于它的简单明了。

"三位一体"核试验把沙漠地表下的白沙烤焦了，使其成了一种新型的岩石，也就是玻璃石（Trinitite）。然而，这个试验的地质影响并没有扩散到试验地之外的地区，所以还不能作为"金钉子"的备选项。尽管使用某个固定的年份来定义的直接明了有很多的优势，可是如果是基于全球标准地质年代确立人类世的起始日期的话，那么这个新地质年代确立方法就和现

---

① Jan Zalasiewicz et al., "When did the Anthropocene begin? A mid-twentieth-century boundary level is stratigraphically optimal," Quaternary International 383（2015）: 196-203（200）. 山地时间比格林尼治时间晚6个小时。

在通行的确立地质年代区间的原则相冲突了——在地球的化学组成中找到翔实可见的物理标记是确立过去五亿年（甚至更长时段）的地质世代的通行做法。①

确立"金钉子"或者全球界线层形剖面和点位的另一个途径是研究核试验之后的放射性尘埃。20世纪40年代的裂变原子弹，尽管当时看起来让人毛骨悚然，可是跟1952年之后试验成功的热核弹（氢弹）武器相比简直小巫见大巫。② 六年之间，美国、苏联和英国在太平洋热带地区还有哈萨克斯坦的试爆把放射性尘埃扩散到了世界各地。1958年到1961年的核试验暂停期，土壤的放射水平有所下降，可是这个暂停期很快就结束了。1961年10月，苏联在北极群岛试验场引爆了有史以来最大型的人造炸弹——沙皇炸弹（Tsar Bomba），紧接着两年内又多次进行了户外试验，其主要目的是在古巴导弹危机背景下展示出一种地缘政治姿态，而不仅仅是为了科研那么简单，这就又造成钚辐射不断升级。1963年出台的《部分禁止核试验条约》（Limited Test Ban Treaty）要求核试爆必须在地

---

① Mike Walker, Phil Gibbard, and John Lowe, "Comment on 'When did the Anthropocene begin? A mid-twentieth-century boundary is stratigraphically optimal,' by Jan Zalasiewicz et al." *Quaternary International* 383 (2015): 204 - 207.

② Gary J. Hancock et al., "The release and persistence of radioactive anthropogenic nuclides," in C. N. Waters et al., *A Stratigraphical Basis*, 265 - 281; Colin N. Waters et al., "Can nuclear weapons fallout mark the beginning of the Anthropocene Epoch?" *Bulletin of the Atomic Scientists* 71, no. 3 (2015): 46 - 57. 首次的热核爆破是麦克核试爆，是在太平洋埃卢格鲁博珊瑚岛上进行的，几乎完全摧毁了这个岛上的珊瑚礁。它的爆破时间是1952年11月1日，当地时间07：14：59.4（±0.2 s），这可能给基于全球标准地质年代的人类世提供了另外一种可能性。在Richard Rhodes, *Dark Sun: The Making of the Hydrogen Bomb* (New York: Simon and Schuster, 1995) 这本书中有详细的探讨。

下进行，因为公众对核辐射的恐惧不断加深，还有超级大国也希望限制拥核国家的数量。在签发这个条约之后的1964年，核辐射也达到了峰值，紧接着辐射值迅速下降，直到20世纪80年代早期，辐射几乎可以忽略不计。

户外热核弹试验把放射性同位素扩散到大气中，一直到平流层，这些同位素包括铯、锶、镅、钚，还有碳元素，然后这些元素又回到了世界各地的土壤和沉积物之中。所有这些同位素之中，钚对于地层学研究是最重要的（有时环境科学家使用钚来确定沉积层的日期）。钚-239的半衰期是2.411万年，它能跟土壤颗粒高度结合，不过在人类出现之前地壳中钚的浓度非常之低。加速器质谱技术的使用意味着20世纪激增的钚元素在未来很长时间段内都会存在于地球沉积物样本中——即使达不到几百万年，几十万年应该是没问题的。

沉积物中钚的记录会有质的不同。蠕虫、耕作，还有降雨都会改变土壤中辐射沉降的分布形式。海洋和海岸的沉积物、石笋和珊瑚核中钚的痕迹会保存得较好；在冰层和冰川中会保存得更好；而湖床中的钚就几乎不受径流冲刷的影响——特别是那些由已经消亡的火山形成壮丽湖泊的湖床，它们的水来自大气而非来自其他径流。含氧气最少的那种火山湖的记录最好——由于氧气少，在其底部几乎没有什么生命体，这样沉积物就不会受到什么扰动，特别是那些位于北半球中纬度的火山湖，由于那里核放射最严重，就更有研究价值。"金钉子"没准可以以这个为基准：从这种火山湖底钻取沉积物柱样，然后保存在大学或者博物馆里，取一片压缩过的此类泥土就可以作为人类世的出生证明。

如果把钚-239放射性核素作为人类世的标记，那么把放射性尘埃数值最高的一年——1964年——作为新地质年代的起点，逻辑上就讲得通了。时间上，1964年这个时间点正好也和放荡不羁的60年代（Swinging Sixties）一致。然而，通常的做法是把地层的边界定位在某种同位素异常开始的时刻而不是其数值最高的时刻，因为前者通常更容易辨识（当然，人们也会说1964年峰值极为显著）。① 这样的话，人类世的诞生就会定在1952年，也就是世界范围内钚浓度开始升高的时候。人类世不是始于勃列日涅夫和甲壳虫疯狂的年代，而是诞生于战后现代主义的高峰时刻和去殖民化开始的时刻，也就是约翰·凯奇（John Cage）创作《4'33"》、勒·柯布西耶（Le Corbusier）创作马赛公寓（Unité d'Habitation）、拉尔夫·艾利森（Ralph Ellison）创作《隐形人》（*Invisible Man*）以及埃及总统纳赛尔（Nasser）政变的那一年，同年发生的还有南非非洲民族会议提出不合作主义（civil disobedience）和肯尼亚茅茅党（Mau Mau Rising）起义。

我想强调这个要点：这并不意味着1952年11月的艾维·麦克（Ivy Mike）核试爆所产生的钚-239的放射性尘埃把地球从一个地质年代推向了另一个年代。单独来看，这个放射物在生态学上并没有那么重要；但是由爆破而扩散到世界各地的放射性核素却象征着在生态圈、大气圈、水圈和土壤圈同时发生的一系列剧变。当我们把所有这些放在一起看，这个变化标志着全新世的结束和人类世的开始。另一个要点：把人类世的起

---

① Lewis and Maslin, "Defining the Anthropocene"; Jan Zalasiewicz et al., "Colonization of the Americas, 'Little Ice Age' climate, and bomb-produced carbon: Their role in defining the Anthropocene," *Anthropocene Review* 2, no. 2 (2015): 117-127.

始定在1964年并不意味着当甲壳虫乐队发行 *With the Beatles* 这个专辑的时候，人类活动还没有深刻地影响着地球系统，也不意味着当 *Rubber Soul* 这个专辑面世的时候，我们的地球已经完全被人类所操控了。相反，1952年或者1964年可以作为地质年代转变要经历的路途（这个路途指的不是非人类世界通向人类世界的转变）的指征，这条路径自从15世纪以来就已开始，尽管未来还有很长的路要走。钚-239这个"金钉子"可以是现在正在发生的全新世末期危机的一个提喻，而这个危机又与资本主义的世界秩序相契合。

我们需要把迪佩什·查卡拉巴提提出的资本叙事和地质学叙事的二元对立（或者说"全球化和全球变暖"的对立）再推进一步，这样，我们就可以以一种崭新的视角重新审视资本主义的现代性，也就是全新世和人类世之间转变的过程。钚的放射性尘埃所留下的痕迹是这个转换期最好的参照物（虽然除此之外别无他用）。按年代排列，这个基于放射性尘埃的"金钉子"最后被证明是大致处于哥伦布"圣玛丽亚"号的航行日期和南极洲西部冰层的最终消融日期之间。无论最后这个边界确定在何时，我们都应当铭记新的地质年代的开始曾有其他的备选日期。不过，就事论事，人类世的起始日期就定在1952年吧。

++++

是时候进行一下评估了。这本书末尾的两章跟之前的三章截然不同，那么，在完成这本书的第一部分之际，我将把我所发展出的人类世版本归结为五个核心准则或者原则。我曾经说过"人类世"这个词有很多可能同时也合理的含义，正是这个原因，这个词到底应该怎么使用值得加以明确。接下来，我对这本书中使用的"人类世"的含义做一下梳理。

其一,在这个语境中,"人类世"是一个新灾难主义(Neoca-tastrophist)术语。它隶属于 20 世纪晚期人们理解地球系统如何运转方面的范式转变。曾经被认为恒定、运行缓慢的星球系统现在被视为不稳定的反馈循环,生物进程和气候进程有着很深层的联系,并且两者都容易受到状态突变的影响。这就解释了为何一个时代级别的转变可以在几个世纪以内发生,并且一个单一的物种可以是推动变化的最显著因素。因此,人类世的诞生并不是伊甸园的堕落,或者是衰老、缓慢、无聊的地质历史王国中一次不正常的加速。它更像是不规则石块拼铺的路面那样,无意间闯入了和深度时间交错的缝隙中。

其二,人类的特殊属性并不是人类世的终极成因或者起源。人类世并不是"人类在塑造地球系统中扮演了重要角色的时间区间"("重要"又是什么意思呢?)。相反,这个世代只能通过和其他世代的不同之处来定义:当全新世所依存的特定条件不复存在的时候,人类世就开始了。这个新的世代通过生态机体的某种特定配置而出现,这种生态机体暂时加强了某些人类活动的效能。那个关于外星地质学家的思维实验提醒我们人类只是塑造化石记录那些众多能量中的一个而已,这个实验提醒我们要摒弃人类脱离于"自然"的二元思维方式。其中一个结果就是即使人类这个物种死亡也不一定意味着地球已经接近人类世的末端,或者"后人类世"已经开始。

其三,人类世诞生中最强大的驱动力并不是人类本身而是人类社会。世界上一小撮的人却有着与其完全不成比例的改变世界的能量。如果把人类混为一个整体来谈,仿佛所有的人类都同等地造成全球变化,并且完全相同地经受其所带来的后果——即使是后知后觉地认可责任有社会属性区分——这样去描绘人类世将很不准确。原因在于，人类世这个想法完全就是生物地理学上讲的斗争、冲突，还有入侵的一种新的配置方式，并且（与第二条准则保持一致）不能把人类之间的斗争从冲突的清单当中排除出去。人类世的地层学版本并没有为忽略环境变化中的阶级关系或者国家间的不平等提供借口，因为各种形态的生态组合过程中的权力关系变化正是其关注点。

其四，其突出的政治问题是转变到人类世的时间点，而不是人类世本身，因为担心十万年以后世界会变成什么样几乎是徒劳的。人类世这个想法并不能拯救那些摆着神仙一样的姿态想从转瞬即逝的现世生活超脱出来的人。相反，地层科学为深刻阐发地球历史中特定时刻的某种特质提供了一种样式。这种地层学上的人类世把现今的危机放置于深度时间的语境中考察，从而使其特质可以更清晰可见，并且有助于我们评估其重要性。人类世也有可能催生一种直面历史深入思考的态度，而非冷眼旁观并接受世事无常的事实。当我们见证一个新世代的诞生，又有谁不会更全心投入地球历史学呢？

其五，人类世这个想法之所以会对现今的政治有如此显著的贡献是因为地质年代已经是一个政治因素了。大气中的二氧化碳浓度已经达到三百万年以来前所未见的数值，北极的气温也达到了十多万年以来的最高值，复杂生命体历史上的第六次大灭绝可能正在发生。正是这样的新闻使得"人类世"不再是地层学上的一个奇思妙想抑或是学术圈内最新流行的行话。尽管这个词在使用的时候可能有不同的含义，然而如果仅仅把"人类世"当成指涉最近环境恶化的时髦用语的话，这简直是浪费。这个术语的另外一个目的已经急不可待：它可以帮助我们理解现在的绿色政治必须要直面人类社会在深度时间里的角色。

　　这五个准则总结了我至今所论述的观点。阐述人类世这个想法也是打开深度时间的窗户，帮助我们为地球危机采取措施。接下来要做的是通过这个打开的窗户而实实在在往里面看看。这本书剩余的两个章节描述了从人类世视角看地球历史会是什么样的。这个地球历史的轮廓会引入一些新的复杂问题：它将发掘出"地质时代"概念本身潜在的深层次的矛盾；它将意味着承认人类深陷于深度时间其实并没什么新意；它将不仅仅包括比世代更长久的时间间隔，也包括其他意想不到的人类规模的地质时间单位；然而，它也将能阐明一切过往的世代。我们已经看到唐·麦凯的描述：早期世代好像是对着新世代往回跑，"就像是梯子上的梯蹬"那样引领着人们想象人类存在之前的过去。在我们真正理解地层学家所谈的人类世之前，我们需要简要了解一下这些"梯子上的梯蹬"。

第四章　梯子上的梯蹬

第四纪分设委员会最富争议的工作小组把"人类世"严格地作为一个地质学的概念来看待，这意味着人类世工作小组提出的概念只有在面对地质期的排列和分类体系时才有意义。如果要发现人类世的特别之处，这就意味着要深入了解这个时期到底和之前的全新世有什么不同。可是在能够真正了解这两个时期的关系之前，我们需要知道这两个时期跟它们之前的地质年代关系如何。对地层学家来讲，一个地质期是一个时间单位，它处于一个有分级的时间单位架构中，就像君主制王朝中的统治那样。对任何一个时期的深入了解都必须以它所处的更大的地质年代为参考；反过来，要了解一个地质年代也必须将其与更早期和更大的时间单位进行比较。要了解环环相扣的时间单位，我们就必须眼光放远，对地球历史进行审视。

原则上讲，或许审视更大的时间单位这种做法永无止境，因此人类世的背景故事就有可能变成一个让人匪夷所思的梦境，在这个梦境中山脊忽高忽低，大陆向早已绝灭的海洋中一点点延伸，麦凯梯子的阶梯直接通向形成地球的星际尘埃漩涡中。我们在这一章和下一章探讨的并不是最遥远的尘埃漩涡，而是采取双线叙述的方式——第一个是在这一章中以100万年为一个时间单位，第二个则缩小到1 000年的规模——这两个时间线都展示了深层时间如何作为背景，烘托了人类社会在这个剧目中的表演。这两个章节对于理解冒那罗亚火山和南极洲西部冰盖的故事中随意出现的数字至关重要。

当然，下文叙述中关于早已灭绝的物种或者冈瓦纳大陆的地理并非每一个细节都是评定现今环境问题的必要前提。可是唯一可以显示地球历史充满偶然性（和历史性）的方式，就是要讲述人类世所属的更大时间单位中那生机勃发的故事。这个地质期的诞生让我们在深层时间中有一个立足点，如此回看深层时间才能赋予这个新的地质期应有的重要性。有代表性地去审视组成地球历史的事件——各种灾难、痛苦的毁坏，以及数不清的各种开端，我们就能理解人类世并没有跟深层时间这出剧幕分离开来，而是正处于该风暴之中，吉凶未卜。

从雪球到小行星（6.4亿年前至6 600万年前）

首先要做的事情是在某个时间点画一条分割线。如果我们给人类世的史前史一个较为宽泛的定义，这样或许可以减少那种没头没尾讲故事的感觉，我们可以一直追溯到公元前6.4亿年前。如果一年就相当于一英寸的话，那么这个时间跨度大致相当于从纽约到悉尼的距离。当然，这个时间点之前的巨大时间跨度有其自身复杂而有趣的历史，可是这并不是我们所关心的问题。6.4亿年的大背景是了解现在的生态危机的一个比较现实的最长时间跨度，这样的视野足以让我们理解有可能明天就出现在报刊上的有关环境的故事了。①

这个时间点最初的 1 亿年可以当成人类世这个故事的序言。这个序言是以地球的冬天开始的。正如历史学家常说的，6.4 亿年前的地球是一个雪球。地球的土地和海洋有很大范围（有些人说几乎是全部）都被深层冰包着。季节性的气温变化非常极端，在夏季最热的时候，热带的气温可升高至接近现在北极的气温，然而全球平均气温可能低至接近零下五十摄氏度。尽管地球出奇的冷，这个世界还是存在简单的生命形态：大部分是单细胞细菌和古细菌，也有小型的多细胞藻类和最早期微型动物，包括海绵动物和水母的始祖。即便是在雪球这个故事中最严酷的阶段，这些生物肯定也会聚集在一些避难处，像热带夏季的融冰之中，海底火山上方未结冻的地方，还有由于偶然的暖流造成的无冰的水域。大气中二氧化碳含量出奇的高，并且还在上扬：冰盾意味着火山缓慢释放的二氧化碳并没有机会离开大气层，而是反被海洋吸收回去了。

不久之后，积聚温室气体产生的效应终于到达了临界点，量级之大几乎无法想象：冰开始不断融化，有人说全球平均气温大致上涨了 100 摄氏度。② 当时的二氧化碳浓度水平意味着那时在这样熔炉里发生的降雨酸度是极高的。可是，生命依然顽强地存活，并且很快就不仅仅是存活了。冰的消退意味着具

---

① 这样的叙事有多个来源。在多个地球历史调查报告中，我深受启发的是：Steven M. Stanley, *Earth System History*, 3rd ed. (New York: W. H. Freeman, 2009). 关于"五次大灭绝"灭绝速率的数据来自：Anthony D. Barnosky et al., "Has the earth's sixth mass extinction already arrived?" *Nature* 471 (2011): 51-57.

② Paul F. Hoffman and Daniel P. Schrag, "Snowball Earth," *Scientific American* (January 2000): 68-75.

有高度适应能力的微生物现在可以自由扩张到广阔的无生命之所，而且在雪球结束之后很短的时间内，地球上第一个体型大小可见的生物出现了——具体何时出现尚存争议，可是不管怎样，这个时间距离之短让很多科学家认为两者有必然的联系。这种新型的生物是埃迪卡拉纪生物，它们身体柔软，是生活在海里靠消解细菌生存的生物，有些长度超过一米，或许能做一些小范围的动作。它们躯干的形态多种多样：有线形的、蕨叶形的、柠檬形的、羽毛形的。我们还不知道埃迪卡拉纪生物是否是生命这棵大树的根，抑或它们既非植物也非动物，只不过它们后来消失了。

然而，埃迪卡拉的世界正好处于人类世范畴开始之前。在地质年代表靠上的部分，地球历史被分为四个"宙"（eons）级别的地质期。第四个"宙"，也就是我们现在所处的"宙"，被称为显生宙，意思是"生命可见的"。这本书一开头的那个表格显示的就是显生宙和其主要的分期。正如这个表格展示的那样，人类世（如果从地层学的角度看的话）本质上讲是显生宙中第三级分期最近的一个地质期。这个新的地质期其实是从显生宙开始的，也就是5.41亿年前。

那么什么是显生宙呢？复杂生命体的延续偶尔被大规模的物种灭绝所打断——这大概是最笼统的一种可能的解释了。有一种先入为主的概念很可能会阻碍人们对显生宙的理解，史蒂芬·杰伊·古尔德称之为"不断变得多元的圆锥体"，就是认为"生命以有限和简单的形态开始，进一步向上发展，变得越来越复杂，越来越好"。① 也就是说，人们想象显生宙的生命

---

① Stephen Jay Gould, *Wonderful Life: The Burgess Shale and the Nature of History* (London: Vintage, 2000), 38.

始于一小群简单、小型、原始的物种，它们一开始形态类似，而后缓慢分叉发展，在之前的物种的基础上，新的生物体不断完善，变得越发复杂也更加适应周围的环境。当然，人类处于这个生物群体的最顶端。而古尔德（Gould）曾在化石记录中发现了完全相反的进程：显生宙早期曾发生过一次对结构多样的生物戏剧性的"筛选"（winnowing）。这个假说基本上已经无人问津了。可是，令人惊奇的是，地球生物圈中有机生物的大的类别（"门类"）就是在显生宙最早期发展出来的。进步论也不是没有反例，类似奇虾（anomalocaridids）这样的生物就是一个反例。这种奇虾长达一米，有着胡桃钳式的嘴和结构复杂的复眼，它们可能以顶级捕食者的身份游走于海中。它们在显生宙的初期就出现了。在这种奇虾首次出现后的5亿年里，整体来说，生物并没有变大、变快、变得更复杂或者更聪明。

另一方面，随着显生宙的发展，一些新的影响因素不定期地加入地球生物圈系统中，有时甚至导致生物圈整体扩大。显生宙的首个一亿年，地球上的生命都还无法适应干燥的陆地。远洋之中产生碳酸钙和碳酸盐的浮游生物是现代地球系统中生物的基石，可是直到显生宙过了两亿多年这些浮游生物才出现在地球上。尽管如此，与其说显生宙的进化史显示的是稳步的进展，不如说它显示的是地球历史中的偶然性。当生态系统发生变化的时候（变得更炎热、更潮湿，或者更加被某种捕食者所支配，变得盐分更高、氮含量更高或者其他变化），那么作为其中一部分的生物结构组成发生变化也是理所当然的了。这些变化并不具有目的性，也是无法预知的。认识到显生宙的这个特点是我们理解其分类中再分类的那个特别时期的前提。

5.41亿年前标志着这个"宙"开始的一个现象就是寒武纪生命大爆发（大爆发指的是生命形态爆发式的快速多样化）。显生宙早期的海平面比较高，宽阔温暖的海道浅床深入大陆腹地，丰富的海洋生态系统由此扩散。有些寒武纪大爆发的生物，跟埃迪卡拉生物群不同，有着坚硬的身躯：它们的躯壳和尖利的牙齿意味着捕食者与被捕食者关系的存在，就像奇虾和它们所捕猎的三叶虫之间的关系。在显生宙的头一亿年，海洋生物的快速增长见证了很多新型生物的出现，包括海星、海螺组成的海洋环礁，环礁湖的四肢如羽毛般的海百合类生物和珊瑚礁，还有长达三米的鹦鹉螺目软体捕食类动物，它们可以像喷气式飞机那样喷射水而驱动自己盔甲般的身体。那时的太阳的亮度要比现在低百分之四，可是大气中二氧化碳含量水平相应的也比较高，有时超过 5 000 ppm（现在是 400 ppm）。自那时起太阳的强度逐渐变强，而二氧化碳浓度水平也以同样的趋势在降低，这两种趋势保持着平衡，这种平衡使得全球气温保持在一个相比雪球时代较小的波动范围。这并不仅仅是偶然。在温暖的环境中生命体更趋于降低大气中二氧化碳的含量，这样为它们继续生存创造可能性。可是这只是一个大致的平衡。

对显生宙生命的首次大规模检测发生在大约4.43亿年前。迄今为止，显生宙早期最大的大陆冈瓦纳大陆（Gondwanaland）向南极漂移，这使得显生宙的首个冰盖在上面形成。可以说运气不好，当时大气中二氧化碳含量水平同时有某种下行压力，归结起来可能有两个原因。首先，小型陆地劳伦古大陆（Laurentia）和一个岛链的碰撞产生了一系列高钙的火山，形成现在阿巴拉契亚山脉的一部分。这些山脉加速了碳循环中的很重要的一环——碳侵蚀，也就是大气中的碳溶解形成的低度酸雨与岩石相互作用，然后一起流入大海，最后掩埋在海底之中这样的过程，这个过程一般是通过生命体的身体进行的。其次，冈瓦纳大陆北部边缘地带的浅海海湾给海洋生命创造了一个完美的生存条件，这跟碳侵蚀起到了同样的效果。海洋动物使用大气中的二氧化碳来形成它们的外壳，这样当它们死亡的时候碳就在海底汇集堆积。

因此，有研究者推测说，这三个因素合力导致急速的冰川作用，这种冰川作用维持了 50 万年甚至 100 万年之久，这就锁住了足够的水分，使海平面下降了超过 100 米。那时地球并不是雪球，但是两波灭绝的浪潮（一次是由于气候变冷，一次是由于气候回暖）抹去了大约 86% 的物种，而后来又恢复的生态系统跟之前的又完全不同。这个情节，后来人们称之为奥陶末期（End-Ordovician）物种大灭绝，明确说明了三个问题：第一，偶然的因素构成了显生宙的历史；第二，有机因素和无机因素具有不可分割性（这就是为什么查克拉巴提对有生命和无生命食物的区分只能是相对的，而不是绝对的）；第三，气候是显生宙发展的核心要素。

奥陶末期大灭绝是显生宙五次大规模物种灭绝的第一次。第二次是晚泥盆世物种大灭绝，它大致发生在 700 万到 840 万年前，是由一系列生态系统的崩溃组成的。在这两次大灭绝的中间，劳伦古大陆和其他两个小型大陆——波罗的海古陆（Baltica）和阿瓦隆尼亚大陆（Avalonia）黏合在了一起，这片陆地上充满了生命的气息。之前这些大陆上只有裸露的岩石和松散的沉积物，只有在潮湿的边缘地带生活着一些藻类和菌类，因为在这样的大陆上存活意味着要与干燥、炙烤，还有重力的牵引做斗争。然而，在这个时期沼泽地里的孢子植物发展出了很多技能来"殖民"内陆地区（包括种子、坚硬的根茎、阔叶，还有输送养分的脉管组织）。到最后，古蕨属植物形成的高耸的森林覆盖了整个大陆，这是一种圆锥形树冠、躯干高耸的树木。它们提供的树荫使得类似蜥蜴的两栖动物得以在陆地上生存，有些体型有猪那么大。

古蕨类树木的增长产生了很多连锁反应。首先，树的生存须依赖大气中的碳元素；其次，树的蒸腾作用强化了水蒸发的循环；最后，它们的根茎也打破了坚如岩石的土壤。这后两种反应加快了碳侵蚀的进程（二氧化碳与岩石相互作用，最后沉积在海底），其导致的结果是大气中的二氧化碳含量下降，也就是说全球变冷的周期即将取代这个温暖和干燥的阶段。森林可能也加速了大陆上营养物的流失，促进了浮游生物的生长，消耗了表层水域的氧气。气候的变冷和缺氧症的驱动可能破坏热带珊瑚礁周边生物群落，冰川作用的陆地植物也可能深受影响。经过几百万年的时间，世界上75％的物种——其中大部分是海洋物种——都灭绝了。

后来，生命开始再次向新的方向挺进。泥盆纪事件之后的一亿年间，盘古大陆（Pangaea）开始形成。冈瓦纳大陆和南部的劳伦古大陆，还有从北部来的西伯利亚合在一起形成一个纵贯南北极的C形大陆。横跨盘古大陆中心地带的是一个高耸的近赤道的山脉海西造山带（Hercynides），它由冈瓦纳大陆在阿瓦隆尼亚海岸的断裂而形成。东来的信风穿过了周边的海洋泛古洋（Panthalassa），又被盘古大陆的东部海岸的巨大季风系统"弹回"。在盘古大陆形成的时候，季风促使湿地森林生长，而这些森林正是石炭纪煤层形成的基础。相反，这个超级大陆的内陆地区由于远离海洋而成为尘埃飞扬、布满盐碱的不毛之地。高纬度和低纬度之间的温差常常很大。长达 6 米的两栖动物、类似大小的爬行动物和暖血的兽孔类动物（哺乳动物的祖先）为成为顶级捕食者而竞争。多足类动物长得比人类要大，蜻蜓翼展开宽达 75 厘米。

含氧量很高的空气（可能高达 35%，当今是 21%）使得此类大型的昆虫可以自由呼吸，并且在这个时间间隔中期很长一段时间内，大气中的碳含量再次下降并储藏于煤炭之中。二氧化碳的下降产生一个整体而言更加寒冷的世界，这也是显生宙所有时期中冰川期最多的阶段。然而，这并不是另一个主要的物种灭绝的时期，只是在一个很长的时期内，在更温暖干燥和稀氧的气候条件出现之前，新物种出现的频率变慢了。可是第三次重大的物种灭绝最终还是来到了，第一波是在 2.6 亿年前，然后是 800 万年后，那个让地球生命为之恐惧的所谓的"大灭绝"紧随其后，两者加起来毁掉了 96% 的物种。

第三次大灭绝（二叠纪事件）之重大在地质年代表中也有所体现。显生宙被分为三个"代"，迄今为止我们都是处于古生代（Paleozoic era），意思是"古老的生命"。而二叠纪危机是区分长达 2.89 亿年的古生代和紧接其后时长 1.86 亿年的中生代（"中期的生命"）的分界线。

由于二叠纪灾难规模巨大，我们很难找到其根本原因，但破解这个谜团的线索可能是盘古大陆北部地区西伯利亚的火山喷发，导致足有 3 000 米厚的玄武岩岩层覆盖了有两个墨西哥那么大的面积。在 50 万年的时间内，两三百万立方公里的岩浆喷发出来，释放了二氧化碳、硫化盐还有氯。岩浆在到达地表之前穿过富含煤炭和碳氢化合物的岩层，产生大量的烟。西伯利亚大毁灭可能反过来使得气温升高到一定程度，释放了无

图 1 在大灭绝之前的盘古大陆,图中显示的是大陆地区和主要的洋

法计量的以冰冻、高压形态储存于海底的甲烷（这些甲烷是由释放甲烷古菌的微型生物产生的）。甲烷以气泡的形态浮向海面，这又进一步提高了气温。甲烷气体的累积产生严重的酸雨，以致植物腐烂，连土壤最底层也被侵蚀。死去的有机物质在超级大陆的整个海岸周边堆积，从而造成致命的危机——海洋变得更加酸化，也越来越缺氧。二氧化碳的升高造成最后的灾难，二氧化碳水平随着越来越多的生物的死亡、腐烂升高，泛古洋的海域分层形成致命性缺氧的水平地带。这场灾难愈演愈烈。

二叠纪灾难之后，千疮百孔的盘古大陆在几百万年间被少数的几个小型物种盘踞着。大灾难前地域性很强的动植物群被水龙兽（Lystrosaurus）——一种身体粗壮、面部扁平的穴居爬行动物——所替代。由于捕食者的缺失和其赖以为食的蕨类植物的充足，水龙兽的数量呈爆发式增长。有一些薄壳双壳贝类软体动物同样也统治着海洋，其中最突出的是叠层石和凝块石。这些古老而简单的细菌组织曾在10亿年前统治过生物圈，它们又黏又臭，长成毯子一样覆盖着整个陆缘海，可是它们并不能和复杂的生命体共存。超级大陆的地理环境意味着它的内陆依然干燥并且沙漠化严重，季节性的温度波动依然巨大，狂风怒吼。当后来气候条件开始变得没那么严苛时，一些重要的动物群体开始快速出现：鱼龙（ichthyosaurs）、乌龟、蜥蜴、最早期的哺乳动物和恐龙。由于物种灭绝连锁反应的间歇性发作，可以说在三叠纪之前的奇怪的间歇期结束时，生态系统再也没有恢复到之前那样复杂的物种体系。

二叠纪危机之后的500万年又有一次物种大灭绝，这次物种灭绝的比例高达80%。盘古大陆开始在冈瓦纳大陆和其余地区之间的断层线上分裂，火山岩浆涌入这个新的"伤口"中。这次火山活动使二氧化碳含量翻了三倍还多，温度陡升，陆地上的种子植物被烤焦，海里的有壳机体由于海水酸化无法形成外壳，底层食物链开始断裂。

这个三叠纪事件发生在 2.1 亿年前，也就是所谓的第四次物种大灭绝，这次事件之后恐龙开始出现。在接下来的 1.35 亿年间恐龙快速突变分化以适应多样的生态环境（当然也包括顶级捕食者），统治着这个世界的大部分地区。霸王龙是陆地上有史以来最大型的食肉动物，而最大型的食草恐龙比霸王龙还要大至少十倍以上。在恐龙时代的开端，珊瑚礁也重回海洋。苏铁植物和针叶类植物布满森林。但这个地质时代最重要的发展是在其末期一些物种群落竞争性的协同进化，例如在热带地区产生的开花的植物和传粉的昆虫。那时，气温和海平面常常很高，特别是在一亿年前左右，热带地区海水的温度要比现在高六到七摄氏度，在高纬度地区甚至要高十摄氏度以上。冈瓦纳大陆和北边的大片陆地完全分割开来，中间是一条海峡——古地中海海道，在此形成一股从东到西包围着地球的非常强大的洋流。冈瓦纳大陆本身又分裂，形成南美大陆、非洲大陆和印度大陆，还有南极洲和澳大利亚的大陆联合体的雏形。在这个间歇期的末期，大陆板块基本上已经形成跟现在类似的形态。

第五次物种大灭绝结束了中生代，也结束了恐龙的时代。这曾是地球历史上最触目惊心的时代之一：一个有城市规模大小的外来物（这可能是一个超基性岩小行星，或是一个结满冰霜、璀璨闪耀的彗星）以每秒钟 20 到 30 公里的速度撞击地球。此次撞击产生的陨石坑遗址现在是在一个叫希克苏鲁伯的墨西哥城镇附近的浅滩，其所造成的影响巨大：撞击引发了一股巨型热浪、一场海啸和大陆规模的野火；紧接着是长达数月的"灾后寒冬"，浮尘造成地球漆黑一片、寒气逼人；无时无刻的酸雨；还有从火山湖释放出来的二氧化碳导致长达好几十万年的全球变暖。这个"灾后寒冬"扼杀了植被，还有海洋中光合作用的植物。这可能是造成76%的物种灭绝的罪魁祸首。陆地生活的大型恒温动物所遭受的损害首当其冲，所有的非鸟类的恐龙突然灭绝，而靠腐质为生的海洋生物存活的几率最高。

从希克苏鲁伯到巴拿马
（6 600万年前到1.2万年前）

希克苏鲁伯地区影响的开始就是显生宙第三个也是离现在最近的"代"的开始：新生代（意思是"新的生命"）。显生宙中三个"代"每一个又下分成不同的"纪"。现在我们已经基本上覆盖了所有这些纪的名字了，因为大灭绝的事件的命名来自它们所摧毁掉的时期的名字。古生代包括了寒武纪、奥陶纪、志留纪、泥盆纪、石炭纪和二叠纪；中生代是由三叠纪、侏罗纪、白垩纪组成的；而新生代经过最近的一些修改，是由古近纪（"旧时生的"）、新近纪（"新生的"）和第四纪（"第四个"：这个最近的修改也不是一帆风顺的）等组成。过去的5.41亿年由这12个"纪"构成，同时又可以下分成38个"世"，人类世即将成为第三十九个"世"。而每一个世又由一个到六个不同的"期"组成。因而，列在国际地层年代表上的所有时间单位，从小到大依次是：期、世、纪、代、宙。

幸运的是，我们只需要这些时间单位的很小一部分便足以了解人类世所处的语境了。"期"这个级别的时间单位我们可以暂时忽略，因为只有某些专家才会关注这种细节；恐龙灭绝之前的"世"也同样可以暂时忽略。我们也可以把恐龙灭绝以后的"代"下分的"世"看作一个整体，并且毫无愧疚感地忽略古生代和中生代之间的区别。这样就剩下两个时段了。第一个是从寒武纪到白垩纪之间的九个显生宙的"纪"的排列顺序。这是从三叶虫到霸王龙的那段历史，从5.41亿年前到6 600万年前。第二个是过去6 600万年的新生代（大约比八分之一个"宙"要小一些）的"世"的排列顺序：原先有七个"世"，现在可能要加上第八个"世"了。它们的名字都是来自这个代的命名：它们都以"世"（-cene）结尾，意思是"新的"。这七个正统的"世"的名称沿袭着一种单一的呆板而又经典的优雅之感。从"古新世"的"古而新"，紧接着是"始新世"的"新的开端"，然后在此基础之上似乎得出了某种奇怪而夸张的结论："最新的"那个世被称为"更新世"，但是之后的那个"世"——"全新世"又是"完全崭新的"、"整个都是新的"。这几个世的排列顺序如下：古新世、始新世、渐新世、中新世、上新世、更新世和全新世。把"人类世"加到这个序列里面，的确看起来有点格格不入。

古新世是新生代的第一个"世"，它从蕨类植物的大范围扩散开始——蕨类植物是一种投机取巧的物种，它在"灾后寒冬"之后的废墟上重新殖民了地球。可是这个"世"的最突出的特征是巨型森林的扩张——地球首次被开花植物所统治（这里所说的是包括橡树那样的阔叶树），而非针叶树或其他类似的树种。这个时期地球的气温还是很高，极地冰冠并不存在，并且由于林地的大范围扩散导致地球各地的湿度增加。有些虚古龙（Coelurosaur）类恐龙在希克苏鲁伯事件以后存活了下来——尽管只有这种小型的恐龙存活了下来，而像霸王龙那样的大型的物种未能存活。在古新世，它们快速演化产生不同的物种，比如海岸边的涉禽，还有南美洲森林里最强大的捕食者曲带鸟都是由此而来的。曲带鸟俗称"骇鸟"，我们现在所知道的所有的鸟都是虚古龙，它们都是霸王龙存活下来的"表亲"。

希克苏鲁伯事件之后的 1 000 万年间，我们所身处的时代的前时代到来了——六七个新生代不同的"世"之间的首个过渡段出现了。这次过渡的标志是总量大约为三万亿立方吨，乃至三倍于这个数目的碳在八千到两万年间排向了大气中。这个现象可能是甲烷气体包合物的不稳定造成的（就像造成二叠纪灾难的假说一样，尽管规模完全不同），也可能是不断变大的北大西洋火山的爆发造成的，抑或是南极大陆上常年冻土的融化和日渐干燥的煤泥造成的。无论是哪种情况，其造成的结果是 20 万年的温暖气候的爆发，即所谓的"古新世-始新世极热事件"（Paleocene-Eocene Thermal Maximum）。当其时，古新世原本就很高的气温上升了五到八摄氏度不等。伴随着极热气温发生的是愈发强烈的季节性暴风雨，它把亚热带气候向北带到了北极圈。这个极热事件是陆地上恐龙灭绝以来最大的气候扰动。这次气候扰动对至少一个核心物种造成灾难性的打击：沉积物中有昆虫类，或者说可形成壳类的海洋微生物，在这次事件中它们的种类消失了至少 50%。可是这次事件对其他物种却是一次机会。此时，亚洲和北美大陆基本上已经可以被辨识出来，它们被一个高纬度的陆地桥连接在一起，也就是白令陆桥。这个温暖的气候吸引了很多哺乳动物（其中包括蹄类动物和食虫的灵长类动物）离开它们的亚洲故土，穿越这个陆地桥。随着新的疆域的开放，哺乳动物开始扩散到恐龙离去后空出的生态位。

这个极热事件标志着新生代的第二个"世"——始新世——的开始。在最初短暂的攀升之后，始新世早期的气温进入一个长期上升的状态，在5 200万年前达到峰值，那时的气温比现在大概高12摄氏度。但自那时起，气温便开始回落。印度地壳构造板块从冈瓦纳大陆分裂出来之后就一直向北移动，并且开始和亚洲接触。哺乳动物群落的活动范围继续扩大，貘科动物成为主要的食草动物。在始新世期间，一个短小精悍的溪水中生活的蹄类生物——印多霍斯兽——发展成了一种形似鼠类、居于陆地上的食肉动物，由此演化出了早期的鲸鱼——它们在海洋中自由游弋，身长超过五米。

新生代前两个"世"的温暖阶段在3 400万年前戛然而止，这时始新世也向渐新世过渡。澳大利亚大陆从南极洲剥离开来，南极洲此时也已撤回到南极圈内了。这两个大陆之间的海峡不断加深，直到足以使南大洋的极地洋流像蛇那样环绕着南极洲，把陆地截断，并隔绝了从赤道而下的暖流。冰盖开始在南极洲形成，自从那时开始就一直存在，其后果在全世界都感知得到：冰冻的扩散和二氧化碳含量水平的急速下降互为加强，高纬度地区海面的温度可能下降了至少五摄氏度，热带地区海水的温度也在下降，虽然没有极圈下降得那么多。后恐龙时代的巨型森林面积也开始萎缩，逐渐被草原所替代。一系列的物种开始灭绝，特别是在欧洲大陆。在渐新世之前，欧洲曾是一个岛屿的集合体，与亚洲大陆相隔绝；可是现在由于南极洲的冰川凝结锁住了海水，海平面下降，欧亚大陆上的水也退去了。亚洲的哺乳动物向西迁徙，压垮了欧洲的冷血动物群落。相对凉爽也更干燥的渐新世意味着鼠类、猫类和犬类动物族群大范围扩散。在亚洲，这是一个类似犀牛的食草动物巨犀（Indricotherium transouralicum）的时代——一种加长型的犀牛，体重达 11 吨以上，它体型之大可以和猛犸象的后世物种争夺世界最大的陆地哺乳动物的桂冠。

从渐新世向历时 1800 万年的第四个"世"——中新世——的过渡与之前的两个"世"相比则没有那么明显。与 5 200 万年前开始的气温渐寒的趋势相反，温度和二氧化碳含量水平相对平稳，甚至中新世的前半个周期还有所上升，然后在中期（1 400 万年前）开始再次下降。由于夏季气候相对凉爽和干燥，草原继续扩大，草本植物的新品种也不断繁殖扩散，以这些植物的种子为食的鼠类和雀形目鸟类物种也同样不断繁殖，而以这些动物为食的蛇类动物也在增加。但同时，很多食草动物在这个时期的末尾走向了灭绝。究其原委，降雨的季节变化（也有可能是二氧化碳含量的降低）对那些更粗糙的草类物种有利，那些没有长牙的食草动物由于咀嚼这些粗糙的草籽牙齿被磨损，最终挨饿死去。

这些平原表面的物种进化的微妙变化和山川的形成同时进行。冈瓦纳大陆的非洲部分开始和欧亚大陆缓慢结合，至此，盘古大陆分裂之后开辟的赤道特提斯海（古地中海）逐渐关闭。移动速度较快的印度板块此前一直往欧亚大陆板块之下嵌入，此时开始褶皱弯折。因而，中新世时期见证了喜马拉雅火山地壳的隆起，以及途经兴都库什山、伊朗的新生代山脉和安那托利亚高原、高加索山脉，还有西边的阿尔卑斯和阿特拉斯山脉的崛起。这些山脉在不断生长的同时也在经受侵蚀，加速了岩石的风化，带走了大气中的二氧化碳。到中新世末期，特提斯海仅存的只有东西走向的狭长海峡，即使在直布罗陀海峡也几乎完全与大西洋隔绝，并且由于海水的蒸发，它枯竭萎缩成一些高盐度的水潭。

中新世的结束是地球历史的又一个壮丽景致。大西洋重新涌入地中海，在一次巨大的洪水中将其填满——在两年或许不到两年的时间内，地中海恢复了将近 90% 的水量。这造成的影响是全球性的：这个干掉的海洋可能占有全球海洋 10% 的盐分。这个事件被称作赞克尔期洪水（Zanclean flood），是新生代第四次"世"级别的事件。它标志着 500 万年前上新世的开端。这个"世"就是莫那罗亚新闻所报道的上一次二氧化碳含量超过 400 ppm 的时刻。正如《纽约时报》对这个"世"简要报道的那样，尽管在此之前地球曾有长期的寒冷期，上新世大部分时间的全球气温还是比 21 世纪早期的气温高三摄氏度。那时海平面比现在还高，北部地区的冰盖基本上不存在，东太平洋可能由于长期存在的厄尔尼诺，气候极为炎热。至此，从进化的角度看，植物和动物基本上跟现在的生命特征相类似，而现代大陆板块的"拼图"也基本上成型了。

这里有一个例外，就是后冈瓦纳大陆时代漂流的陆地碎片中最后也是最孤单的一块——南美大陆。此时，非洲和印度在重塑盘古大陆时代的连接，大西洋在继续扩大；到接近上新世结束的时候，向西漂流的两个美洲大陆最终连接在一起了。这个连接并没有出现产生山脊的板块碰撞，而是产生了一条火山山脉，以弧形横亘于两个大陆之间，直到后来它们之间的缝隙被沉积层填满，形成一整块大陆。巴拿马地峡的形成充满戏剧性。动物可以双向跨越，可是来自较为多元的北部的物种（比如狗、猫、鹿、熊、骆驼、松鼠，还有大象等）与南边地方性的物种（比如"骇鸟"、大象那么大小的地懒、食蚁兽、穿山甲和各种有袋哺乳动物）相比更能成功跨越大陆，因而后者经历了一次灾难性的物种灭绝。

然而，上新世形成巴拿马地峡最重要的后果是它分隔开了大西洋和太平洋。因此，它重建了影响气候类型的洋流，同时，另外几个同步发生的诱发机制导致地球系统发生了一次剧变。在正常情况下，海洋表面的洋流是从温暖地带流向比较寒冷的地带（也就是从热带向极圈流动），并且在流动的过程中逐渐散热。这个地峡趋向于把温暖的大西洋海水转向北极圈，并伴随着大量的水蒸发。然而，这也意味着随着东风把大西洋表面的淡水通过降雨带到了太平洋，大西洋的盐度也由此变高。更咸的水更容易下沉，所以北大西洋表面盐分更高的海水不像以往能把热带的热量一直带到北冰洋地区，而是在冰岛附近下沉并向南回流。这种缩短了的热能搬运使水蒸气以降雪的形式回到地面。最后，地球围绕太阳公转的轨道逐渐调整又提供了第三个因素：当北极夏季的日照水平超过某个临界点的时候，它的年度化雪量无法完成，冰川再次形成；而一旦冰川开始形成，正向的反馈回路促使这些冰川继续增长。因此，北极开始冰冻，地球的北极圈出现了冰盖，与南极遥相呼应。冰川的形成标志着新生代第五次"世"的转变，以及258万年前更新世的开始。

现在两极都有冰盖，更新世完全被反复出现的冰川期所主宰（有时被称为冰河期，尽管这个名称也可以指代整个"世"），冰川期则又被更温暖的间冰期所分隔。这些循环周期内最突出的是一个4.1万年一周期的节律,这个节律一直维持到100万年前,其时一个节奏稍慢的10万年的周期取而代之,这个周期有着更强烈的冰冻和冰融。这些周期中的时间点被地球和太阳倾斜度、地球的摇摆度和地日距离的微小变化所控制,这些因素影响了一年中太阳热能在地球表面的分配。虽然这些变化本身很小,不足以产生冰川周期,可是它们触发了复杂的回馈机制,包括洋流循环的变化和像上面提到的"生物泵"(强风把营养物带到了海洋里,更多的以碳为躯体的海洋微生物出生、死亡,并且埋葬于海床中)。这些回馈机制反复地转变着碳循环的平衡以及地球的状态。

更新世冰川期和间冰期之间的温差在高纬度比在低纬度要大得多,所以整体上讲全球温度变化很难去计算,不过大概不可能比五摄氏度多多少或者少多少。10万年的周期循环模式包含一个温暖的间冰期,气温大致跟现在相当,时长大概有十分之一个周期那么长(周期时长时短),之后紧跟着快速下滑到更冷的气候条件中去,到达最大值后气温又一次快速回升,新一轮周期由此开始。随着每一个冰川期的推进,极圈的冰盖和山脉中的冰川不断扩张,海平面降低,雨水不足,动植物集中在接近赤道的有限的栖息地。相比间冰期,冰川期除了寒冷和干燥之外,气候的季节性变化和气候的不可预测性一年比一年强烈。在间冰期,动植物群落都可以回到更高的纬度上去:草场和像麋鹿那样的耐寒食草动物一路向高纬度进发,紧跟着的是白桦树和其他开拓性树种,然后是整个庞大的生长缓慢的森林生态系统。

与新生代的早期相比,这样具有挑战性的生存条件显然意味着整体上生物多样性被削减了,可是程度并没有那么大。生物种群被反复割裂在独立的生物避难所反而可能增加了物种的种类。由于这个时期与当下足够近，很多更新世的生物对我们来讲都很熟悉，除了当时有的一些特别大型的陆地哺乳动物和鸟类。这样，我们的故事就越来越靠近当下了。

迄今为止，更新世是新生代中时长最短的"世"，时长不超过 260 万年。同样，整个新生代只有 660 万年，比显生宙中其他两个"代"都明显要短（从三叶虫到大灭绝，从大灭绝到恐龙灭绝）。可是，这里我想强调的是，迄今为止这章里谈论的地质时间的概况并没有包含那些让人头昏目眩的时间表里不一致的地方。在 258 万年的时长里，更新世仅仅是整个显生宙中很小的一部分，可是它并不是完全的微不足道。更确切地说，更新世只占据了显生宙小于二百分之一的部分。这意味着从雪球地球到更新世长达好几百万年的时长（而不是好几千年或几十亿年）是我们考察的大概的时间单位。整个显生宙一直到冰川周期基本上可以被想象成一则世界范围内的生态变化的故事。

那么，这便是从全新世向新诞生的人类世转变的深层时间的语境。正如我之前所说的，要理解这个新的"世"我们没必要关注这个故事发展的每一个细节。可是，回看地质时间是能感受人类世诞生所产生的变化的唯一方式。地球上生命的进程是如此不可预知，如此变化多端，物种的大面积灭绝就是其中最绚丽的例子。在随意的时间间隔中，各个大陆一次不幸的拼合，陆地植物进化中一次具有自我破坏力的转变，火山的多次喷发，还有外星来物的冲击已经从里到外完完全全改变了生物库的形态。有些物种之所以在这几次大灭绝中存活下来，并不是因为它们能够适应那时的生存条件，而凭的仅仅是运气。显生宙的故事没那么吸引眼球，不过也同样遵循着偶然性法则，就如同中新世时代的食草动物一般，存活下来的是那些碰巧有着比较长的牙齿的物种，它们可以咀嚼食用新出现的坚硬粗糙的草类植物。

总的来说，显生宙的地球历史并没有显示人类要到来的必然性，也没有任何迹象表明人类文明会出现。很重要的一点，人类世的诞生并不是一个体现、超越或加快了自然法则的迟钝缓慢时间的事件；它也不是一个专属于人类，与之前所有为了准备人类来临的非人类时间相对立的时间的开始；更不是一个地球最终完成一个可以突破其长期树立起来的局限的物种进化的过程。"人类世"这个概念仅仅是把现今的危机跟地球历史的其他部分结合在了一起，其本身不过是深层时间的另一次急速而危险的转折。人类为遥远未来遗留的痕迹将会是历史记录中另一个出乎意料的岩层，正如 3.8 亿年前曾经主宰地球表面的古蕨类树木的化石那样。

人类和地质年代

然而，截至此刻，有些读者可能已经变得有些不耐烦了。那个问题依旧存在：我们是什么时候来到这个世界的？先不管特提斯海道和开花植物的进化。对我们来讲，真正有趣的事情必然是现代、聪慧、有文化的人类的到来，就是人类世中的"人类"。在与地质年代的关系中，我们现代人类又是处于什么位置呢？

这个问题有一个极为普遍的答案。人们经常说现代人类存在的时间仅仅是"地质年代中的一刹那"。这不仅仅是一种很糟糕的陈词滥调，它同时可能极具误导性。对这个问题有更好的答案：我们应该思考相对于前现代人类的现代人类这个提法，并且我们要否认在生命进化进程的任何一个阶段"非人"与"真正的人"之间有着完全的割断。（现代"社会"是个更有用的概念，尽管它本身很难定义。）人类这个物种跟其他所有物种一样，都属于百万年级地球历史进程中的一部分。跟印多霍斯兽（Indohyus）和巨犀（Indricotherium）一样，现代人类既没有被深层时间排除在外，也没有超越深层时间这个大的框架。

把现代人类的生存描绘成"地质年代的一刹那"的作家们想象中的"一刹那"基本上有5万年那么长。大概8万年前到4万年前的这个时期是一般所说的人类"行为现代性"的开端。我们有必要更细致地思考"行为现代性"这个概念，因为如果人类最初以现代的方式生活时并未脱离深层时间的话，那么在其他的时间节点人类也不可能脱离深层时间。"行为现代性"这个故事的起源有点欧洲中心主义，传统上人们一直认为人类最初是从非洲迁徙到欧洲的。首先是在非洲出现了"智人"（Homo sapiens）这样的群体，他们的认知和行为经历了一个迅猛的发展。这样的发展可能来自某种有决定性意义的基因突变。这种基因突变导致人类大脑的结构发生剧变，极大地增进了大脑中不同模块的协调，或者（没那么剧烈）在长期缓慢的知识发展过程中突破了大脑结构的某种临界点。[①] 无论哪种情形，那时的人类已能用符号进行非常复杂的社会交际活动。这种变化体现在具象的艺术品、墓葬仪式和远距离贸易

---

① Richard G. Klein, "Archaeology and the evolution of human behaviour," *Evolutionary Anthropology* 9, no. 1 (2000): 17-36.

中,可是,语言的发展无疑是其关键所在。

行为现代性的完成刺激了人口的增长和扩散,首批现代人在大约7万年前至6万年前走出了非洲,或者说阿拉伯半岛的西部边缘。到达欧洲后,至3.5万年前现代智人完全取代了尼安德特人;至4.5万年前他们已经到达澳大利亚,并且在行进的过程中逐渐取代了他们遇到的早先的类人物种。他们发达且善于交际的大脑意味着其随身携带各种工具:做工复杂的石制刀片、兽骨、用鹿角制作的工具、带柄的长矛、赭红色燃料,还有作为饰品佩戴的贝壳、牙齿和象牙。至3万年前他们已经在法国南部肖维岩洞的墙上涂绘了类似狮子、猛犸象和犀牛的线条。这些年代距物种进化的"现代化"已经很近了,最后仅剩下一些基因和文化的共同进化来进行微调。(比如说,动物的驯化导致对人类某些基因的选择,这些基因使得人类在婴儿期以后可以继续消化奶制品。)换句话说,5万年前首次出现的现代人类就是……我们。

这个故事依然不断被讲述,因为它有着完美又合理的考古学基础。我曾经强调过显生宙期间的地球历史进程是多么不可预知、多么绚烂多姿。有一种看法认为在8万年前到4万年前这段时间人类的行为模式也相应发生了戏剧性的转变,我并不想过多讨论这种观点。可是,我同意约翰·谢伊(John J. Shea)对这个术语提出的很精彩的反对意见,我想说的是这些事件并不应该被当成"行为现代性"成立的基础。[①] 谢伊反对把石器时代后期的社会变化当作迈入绝对的人类形态一劳永逸

---

① John J. Shea, "Homo sapiens is as Homo sapiens was: Behavioral variability versus 'behavioral modernity' in Paleolithic archaeology," *Current Anthropology* 52, no. 1 (2011): 1-35.

的一步。行为现代性是一种基于目的论的思维方式,仿佛"古代"的人类就比现代人次等,尽管不断努力可依然无法达到他们的继承者最终达到的成就。这种观点把现代人和他们"未开化"的前身对立起来,尽管它对于那些一般认为具有共同现代性的社群之间的差别轻描淡写——包括肖维岩洞绘画的人、亚马孙的狩猎采集者,以及西方城市的居民。现代行为本身有时被简化成看起来像随机罗列了某些"特质"的清单,这些特质被想当然看成令人向往的东西,因而也是不可逆的。

对于智人如何成为完全的"人"的本质主义叙述与我在这一章中所阐述的地球历史叙事的精神有一定的冲突,并且这种观点迎合了这样的看法,就是认为行为现代性标志着其与渐进的达尔文生物进化论前所未有的割裂。当然现在这个进程已经完全被自我加速、有目的导向的文化进化——比如火炉、核反应堆——所替代。相反,我强调过在地球历史早期就有过和达尔文进化论割裂的先例,比如大型的物种灭绝常常催生快速而又偶然的物种进化。在这里我再次重申:人类(Anthropos)的出现是地球历史扰动中特色鲜明的一部分,而并不是它的另外一种发展路径。

抛弃行为现代性这个理念意味着摒弃"我们人类"可能与地球历史割裂的想法,那么这种视野下的人类进化又是什么样的呢?很多之前在欧洲遗址中的发现,被认为是过去5万年间的发明,已在更早的非洲遗址中被发现了,比如说红赭石早在20万年前就被碾压用作颜料。[1] 像这样的发现极为重要,可是

---

[1] Sally McBrearty and Alison S. Brooks, "The revolution that wasn't: A new interpretation of the origin of modern human behaviour," *Journal of Human Evolution* 39, no. 5 (2000): 453 – 4563 (528 – 531).

对行为现代性的反思并不意味着只是把智人的起源时间推到25万年前至20万年前就可以了。这不仅仅是因为任何一个物种的起源时间点原则上讲都模糊不清（一个物种只能以回溯和逆向的方式区分，通过它和其相关物种的不同来区分），更是因为要对智人和与其关系密切的类人物种——像与现代人混种的尼安德特人——进行区分在实际操作中异常困难。这也不意味着要把人类现代性的起始时间继续往前推，推到智人和尼安德特人的共同祖先——这种观点的立足点在于尼安德特人像现代人那样埋葬死者。

相反，正如谢伊论证的那样，考古证据中最有力的是那些可以推翻发展观的证据。发展观认为某些特定的技术变革都是从低级向高级的不可逆的发展。所有这些变化其实都应被看作人类社群对所处的变幻莫测环境的一种特定和在地的回应。7.5万年前到6万年前，南非的狩猎人使用弓箭（弓箭一般被当作比较高级的"现代"科技），而他们的继承者在6万年前至5万年前期间却明显没有使用。并没有证据表明发生了可能导致文化上"退化"的人口锐减，相反，当时人口还可能有所增加。然而，食物来源的变化、狩猎文化或者动物的行为模式（公元前6 000万年前的狩猎者可能转为诱捕和设置陷阱来捕捉猎物）都可能意味着人们并不把制作弓箭当成他们最值得花时间和精力的活动。① 随着生态条件的变化，"现代"的行为也时有时无。

我们对类人物种历史的理解还不是很全面。如果要重构这

---

① Marlize Lombard and Isabelle Parsons, "What happened to the human mind after the Howiesons Poort?" *Antiquity* 85 (2011): 1433–1443.

段历史我们需要找到完整无缺的类人物种的化石,这项工作异常艰难。一些近期标志性的发现(最出名的是弗洛里斯岛和西伯利亚的丹尼索瓦洞穴)和古遗传学持续快速的发展意味着对类人物种历史的解读现已呼之欲出。智人的家庭谱系的绘制方法多种多样,到底是什么推动了类人物种的进化引发无数的猜测:学者对于很多要素都论争不休,包括直立行走、工具的使用、语言、延迟发育成熟、火种、旱灾、喉头位置的降低、敏锐的视觉、弱视、肉食性、奔跑、群居生活、广阔的平原、陡峭的山谷、劳动力的性别分工,还有很多其他方面的要素。

尽管如此,第一个极为重要的事件发生在距今大概600万年前或700万年前的中新世晚期,那时粗糙的草类植物把食草物种推向灭绝的边缘。在非洲赤道地区,中新世晚期唯一存活下来的树栖灵长类物种分化成各自独立的群落,可能是由于水源或者山脊的分隔所造成,他们的基因构成也逐渐自成一体,一直到后来无法再进行物种间繁殖。其中一个群落发展成了今天的黑猩猩。另一个群落可能在更远的东边继续发展进化,大致位于从厄立特里亚到南非边缘地带(但有一些关键的化石是在乍得的北部发现的,这让人有点百思不得其解),这个群落变得不那么树栖,而是可以直立行走。这个群体又分化成许多不同的物种。在300万年以前,也就是上新世时期,他们有些开始使用工具,比如用整块的玄武岩岩石和其他的岩石去凿击铁砧岩,这些工具可能被用于屠宰猎物。① 在大约200万年前,更新世的早期,曾有一个类人物种可以通过丹尼尔·罗

---

① Sonia Harmand et al., "3.3 - million-year-old stone tools from Lomekwi 3, West Turkana, Kenya," *Nature* 521 (2015): 310 - 315.

德·斯迈尔（Daniel Lord Smail）设置的测试。在衣着和发型比较合理的情况下，如果一对东非直立人（Homo ergaster）走在大街上，他们可能会引来一些异样的眼光，而并不会导致人们去惊动警察，也不会惊动负责动物福利的工作人员。①

东非直立人很显然是首个走出非洲到达欧亚大陆的类人物种（这样的类人物种具体有多少我们并不清楚）。离现在最近的物种是"智人移民"，大概距今7万年前。他们消灭了尼安德特人以及其他所有的类人物种，这个过程似乎充斥着对资源的竞争，也有些许异种交配（或者说异族通婚），可能混杂着猎杀（或者说种族屠杀）。

人类物种的历史不过是地质世代中的"一刹那"这样的说辞，带有"吹嘘"意味的自我贬低。这个观点和大卫·布劳尔的六天创世纪的布道之词如出一辙，认为非人类的缓慢时间和人类历史的迸发不仅不一致，甚至彼此对立。事实上，由于人类是进化出来的物种，人类一直是深层时间中的一员，甚至在环境危机把这种从属关系变为政治上的急迫现实之前就是如此（环境危机带来的变化从莫那尼亚火山的新闻报道中可见一斑）。换句话说，人类世并没有把之前与地质时间分离的人类嵌入其中，因为人类本身一直就没有离开过地质时间而存在。不过我们也得承认，之前板块构造的时间表跟政治经济学的时间表的确没有什么实际的关联。人类世给我们提供的是人类社会如何参与深层时间的一种视角，这种参与一直存在，只不过由于现今特殊的情形，这种参与度由于实际的需求变得越来越

---

① Daniel Lord Smail, *On Deep History and the Brain* (Berkeley: University of California Press, 2008), 190-191.

显著。我们所说的特殊情形如下：有一个始于跟中新世的灵长类物种"萨哈人猿"（Sahelanthropus tchadensis）类似生物的物种谱系，近期变得越发强大，强大到足以以它去命名地球历史上一次"世"级别的转变。

第七个"世"

肖维岩洞的艺术家大约在 3 万年前完成了他们的杰作，这个时间远在更新世末尾之前。迄今为止，我在使用这些地质年代术语以及提及它们之间的转换时都比较随意，仿佛这些分类范畴都是统一好的。可是很显然，在肖维岩洞时期和现今之间并没有足够的时间可以加入新生代的第七个与其他"世"规模相当的"世"。地质时间表的规模此时也发生剧变。我们之前讨论的时间单位，从 6.4 亿年前的雪球时代到东非直立人，再到更新世，这一系列的时间单位的规模都差不多。现在我们需要放大一千倍，以千年而不是百万年为时间单位。自恐龙时代以来的第七个"世"——全新世——是从 1.17 万年前开始可能一直持续到两代人之前。全新世的相对短暂性使得"世"这个概念，特别是在比较近期的地质年代的语境中变得有点模糊不清。幸好"世"这个词的双重含义让它变得更有用，而且并未削弱对人类世的思考。

从某一个角度看，"全新世"只是一种惯例上的叫法。我们已经看到更新世是被主要的周期循环所主导的——可能有 50 个那么多，其中有以显生宙标准而言都异常寒冷的冰川期，与更短暂、更温和的间冰期交替更迭。"全新世"这个名词只不过是对最近这次间冰期的命名。这意味着全新世可能是更新世很小的一个分段,并且如果从气候的角度看,这甚至都不是最显著的那个——它不过是大概100万年前出现的一个更长也更强烈的第十一个冰川周期中转暖节点的起始阶段。①

尽管如此,给予全新世一个"世"的命名也有很实际的原因。地质年代的分段并不是关于地球历史一成不变的事实。相反,所有这些分段之所以成立是基于它们对地球历史研究的价值。地质年代表的设立是为了给深层时间一个框架,让学者可以更好地理解深层时间,也让地质学家得以解读调查中所遇到的现象。自地球历史的研究开展以来,仿佛我们最重要的关注点应是地球表面形态最新的特征变化——我们现在知道了,这些特征是在冰川最后一次退却后形成的。全新世的土壤和沉积物在现在地球的组成中已经十分显著(而且,我们马上会看到,其中的动物群的特征也很明显),这都足以让我们称之为一个"世"。尽管全新世跟地质年代表中的其他"世"非常不同,可是这个逻辑依然不变。地层学领域中对待过去和现在的态度和科林·图哲或者马特·里德利迥然不同。地层学的视角并没有假装有奥林匹亚式宏大叙述的不偏不倚的视角,仿佛世界上的居民跟宏大的叙事相比都微不足道。相反,地质年代表就是为了现今的需要而设立的,最近的间冰期就足够漫长,配得上人们赐予它的地位。

因此,"全新世"作为一个地质年代中的"世"得到普遍的认可并不是一个术语使用的特例。这意味着在地质学中"世"这个术语的含义取决于所使用的语境,而且其具有高度

---

① 把全新世的地位从"世"退为"期",称之为"佛兰德期"(从等级上讲"期"是低于"世"一个级别),支持这种学说的学者越来越少。

的变异性。一个"世"可以像古新世、始新世或者渐新世那样,基本上属于同类的时间单位;"世"也可以像全新世那样,还没有始新世三千分之一那么长。对于评价人类世能否作为一个"世"而存在,这种模糊性事关紧要。

在保罗·克鲁岑讲述故事的方式中,他最开始设想的"人类世"是一个与"全新世"相对的概念。正是在一次随意提到我们现在处于全新世时,他脱口而出:"我们已经不再处于全新世了,我们在……在……人类世!"他对于人类世的论证来自他的坚定的信念,也就是我们的世界已经发生了巨大的变化,大到超出了保持了几乎1.2万多年的参数范围。追随着克鲁岑灵光一闪所引发探索兴趣的学者们也基本认同这种观点。那么,从某种程度上讲,人类世的内涵主要来自它与全新世的不同。

另一方面,当我们进一步思考就会发现我们的世界已经发生了变化,并且这种变化还在持续进行,用来表示全新世的结束已经绰绰有余。特别是,生物圈正在经历着一场重生,其影响之深刻在生命历史中只有少数几个事件可以与之抗衡。① 现在迫在眉睫的事情不仅仅是终结全新世,而且也是终结更大规模的更新世和全新世。当然,现在的全球变暖并不一定走向更新世冰川序列永久的结束,而更有可能是让循环周期跳过一个或者多个以10万年计的冰川期。物种数量和分布的转变,灭绝物种数量的加速,碳循环和氮循环以前所未有的速度变化,海洋的酸化,由于建筑、采矿、修筑大坝和污染所造成的岩石、沉积物,还有矿物的物理错位:所有这些共同构成背离更

---

① Mark Williams et al. , "The Anthropocene biosphere," *Anthropocene Review* 2, no. 3 (2015): 196-219.

新世地球系统的一次转向。甚至在无法想象的未来，即使那时一个新的冰川期来袭，冰盖再次形成，生物圈的组成也依然会充斥着各种现今的痕迹。或者我们再次想象一下更遥远的未来，那个扎拉西耶维奇的外星地质学家的时代。对于外星的地质学家来说，区分更新世和全新世的气温骤升就会变得不起眼，也没那么重要了。可是标志着人类世的来临的那些变化，正如我们看到的，则并非如此。

我们必须追溯到更远的过去才可能找得到地球系统中接近当前变化的规模，很有可能我们必须追溯到至少 258 万年前上新世向更新世转变的时刻。那时的南北美洲还连接在一起，大西洋和太平洋已然分开，整个地球不断地进入和走出冰川期，三分之一陆地的表面都覆盖着冰雪。对地质年代表的修正，我们应始终保持着谨慎而保守的态度，不过我们现有的转变似乎完全足以够得上一个"世"级别的转变。

多亏了第四纪科学中"世"的双重含义——它既可以指代类似于全新世这样的"世"，也可以指代像更新世这样的"世"。我们谈到人类世的时候就是对这两种不同的时间量级的认同。人类世的诞生既是全新世的死亡，也是更新世和全新世时间序列的死亡。它终结了一个长达 1.2 万年的间冰期，以及一个长达 258 万年的时间段——其中反复的冰川周期被一个生物圈的特定开始条件所覆盖。实际情况下，前者更加重要，相对稳定的间冰期的结束对于人类文明是一个深刻的挑战，这个问题我会在下一章详细叙述；后者也很重要，因为它让我们把现在所发生的事件放置在地球上复杂生命的历史中进行审视，也就是说放在显生宙中审视。

人们可能会说把人类世当成一个新的模棱两可的"世"，

这意味着把它嵌入深层时间的方式有两种，而不是只有一种。或者用另外一个比喻，这种模棱两可性创造了一种立体观看深层时间的方法。为了在深层时间的语境中得以理解现在环境变化的问题，最好记下两个不同的日期：第一个日期是 258 万年前，也就是更新世冰川周期开始的时间点；第二个日期是公元前 9700 年，是最近一次间冰期开始的时间。新生代的第七个"世"——全新世，这个概念本身创造了一个关于"世"的两种定义。现在我们也开始讨论第七个"世"，以及它的终结。

第五章　全新世的讣告

现在我们已经得以从人类世的视角去认知深层历史。当我们意识到自己现在处于一个崭新地质时代的开始阶段的时候,我们便更能充满想象力地去审视 5.41 亿万年前的显生宙地质期。用唐·麦凯的话说,这是鼓动我们把现在的普通人当成"深层时间中的一员,就跟三叶虫和埃迪卡拉生物群是深层时间中的一分子一样",通过想象遥远的过去"使眼前的事物变得陌生起来"。也就是说,要想真正了解人类世,那么就必须把它放置于恐龙和超级大陆的语境中去,还有一个很重要的语境是深层时间离现在比较近的时间段,也就是更新世的最后那个时间段(那时发生了气候剧变,还有一系列的物种灭绝),其与全新世一起成为地质年代表中人类世下限的间冰期。

人类世的诞生也就是全新世——那个所谓的"人类文明"的地质期——的死亡。如果你想要一个简单的理由来解释为什么环境危机迫在眉睫的话,那么可以这么说,迄今为止人类文明还都存在于全新世地质期之中,没人知道当这个地质期被另外一个地质期所替代的时候会发生什么事情。最后一章简要勾勒了更新世和全新世的历史:描绘这个即将消失的世界。这章的主要内容是重新叙述这段历史，目的是为了更好地审视全新世（包括其下分的三个地质时期）和人类世。将全新世和人类世放在一起进行比较对于理解现存的危机来说异常重要，并且更重要的是，把这两段历史更好地结合在一起，使其能够成为混乱而漫长的地球历史的一部分。

全新世的公民

这个核心论点可能已经说了成千上万次了。用全世界最有名望的气候学家的话来说，"在全新世，全球的气温基本上保持恒定"。这意味着，"人类文明是在异常恒定的气候条件下发展起来的"。① 詹姆斯·汉森和佐藤真纪子的观点指出了几个很中肯的问题：什么叫相对或者异乎寻常的恒定？而什么又是"人类文明"呢？这些问题含义深远。为什么要担心人类所造成的全球变暖？因为人类结束了一个维持了大概1.2万年的气温相对稳定的时期，也因为迄今为止不依靠采集食物才能存活的人类社会只存在于气温稳定的时期。

跟新生代相比，整体上讲，全球的气温在全新世时期还是"相对稳定的"。新生代是陆地上恐龙灭绝后的那段时间，在那个时期的几百万年间全球气温下降了有12摄氏度之多。这种气温变化跟更新世相比还算比较稳定，因为更新世有时在一个世纪内就有大范围的地区出现5摄氏度左右的变化；而相比起

---

① James E. Hansen and Makiko Sato, "Paleoclimate implications for human-made climate change," in *Climate Change: Inferences from Paleoclimate and Regional Aspects*, ed. Andre Berger, Fedor Mesinger, and Djordje Sijacki (Vienna: Springer, 2012), 21-47 (37, 39).

来，全新世单次最大的气温变化发生在 20 世纪之前的 5 500 年左右，当时出现了一个长期缓慢的 0.7 摄氏度的降温。而最大的短期气温变化发生在 8 200 年之前，那时曾有一个世纪那么长时间的冰冷期，北大西洋温度降了 2 摄氏度，伴随着北半球其他地区的轻微降温，以及南大西洋的轻微升温；但总的来说，全球范围内气温下降了不超过 1 摄氏度。①"人类文明"是在这样相对稳定的气温中发展的。或者可以这么说，在公元前 9700 年全新世开始之前，没有哪个文化发展出了文字或者农业，而且几乎所有大洲的人都以捕猎者或者食物采集者的简单游牧的社群形式存在着，只有那些最发达的文明中出现了定栖的村落。

从官方层面来讲，世界上大多数政府声明要把全球变暖的幅度控制在两个摄氏度以内。即使是这个规模的升温也会超出地球上全新世的气候系统的正常范围。这样下去极有可能会出现 4—6 摄氏度的升温，它将导致地球跟过去 1.17 万年的历史彻底割裂。而即便我们承认全新世的苦难和灾难，还有其特有的社会形态（少数的精英阶层寄生在广大的穷苦大众之上），可是事实上，民主的政府、科学研发的药物、养老退休金、机械化的交通方式、隔热性能良好的房屋等这些事物还是仅存在于一个气温变化小于 1 摄氏度的地球上。而使这些事物成为可能的复杂社会结构完全是建立在冰川间期的这个地球系统之上的。可是全新世正临近尾声，即使曾经只有少数人享受的福利

---

① Shaun A. Marcott et al., "A reconstruction of regional and global temperature for the past 11 300 years," *Science* 339 (2013): 1198-1201; H. Renssen, H. Goosse, T. Fichefet, and J.-M. Campin, "The 8.2 kyr BP event simulated by a global atmosphere-sea-ice-ocean model," *Geophysical Research Letters* 28, no. 8 (2001): 1567-1570.

终于逐渐缓慢地向全世界的大众开放——我们所说的"大众"也在这个时期开始以来翻了不止1 000倍。这些面向大众的福利或许会在一个更炎热的地球上继续推进，或许并不会。

我之前说过，如果在深层时间的语境里谈环境危机这个话题，就很容易落入这样一种论调中去：人类的灾难跟宏大的地球历史相比简直微不足道。而地层学意义上的人类世跟这种论调恰恰相反，这是一种基于地质学家对每一次地球历史转变的独特理解，是一种着重时间维度的视角。要形成这种对现时具体和扎实的了解，不至于落入奥林匹亚式的未来空洞之学，就需要我们对即将结束的和即要开始的事物都给予同样的关注。现在我们并没有必要去担心在遥远的未来当人类世进入成熟期时，地球会是怎样的一番景象。恰恰相反，从伦理和政治上来讲，人类世之所以重要是因为其正在日渐远离全新世这个地质年代。这就意味着我们对人类世的了解不会多于我们对全新世的了解。人类世的诞生也就是全新世的死亡，而21世纪的问题就在于如何在这两个地质时代转变的时期内寻找一条出路。人类世新出现了哪些偏离全新世的模式是我们最需要避免的？哪些是我们最能忍受，哪些又是我们最希望发生的？

接下来几年的环境政治应该这么开始：我们应该毫不犹豫地接纳全新世给我们所带来的礼物（医院、钢琴、投票箱、比萨店等这些在公元前9700年还不存在的事物），同时应该及早地认识到我们需要以一种崭新的方式回应那个已经彻底发生改变的地球系统。关注全新世也就是道明人类文明错综复杂的网络——其中有欢声笑语也有苦难悲痛——随时有分崩离析的危险。这意味着我们既应该反对原始主义，又要抵制使现状"可持续"的"一切照常进行"的态度。与此相反，生态的视角从策略上讲，可以形成一种对全新世的亲近、同情，甚至怜悯的态度。那些觉得自己正深陷于两个地质时代转变产生的曲折迂回的缝隙之中的人们或许可以有这样一种视角。环保主义分子就会像失去祖国家园的爱国主义人士那样，身处异国他乡，从远处重新审视自己新的国家，而同时也能更灵敏地嗅到各种各样周边的机会。

全新世应该被怀念。但是在宣扬对这个濒临死亡的地质年代抱有一种狂妄的忠诚的同时，我想再次强调在此前章节中反复提及的两个原则。诚然，把全新世和人类世放在一起比较研究非常重要。可是，第一，不应该把这个二分体从深层时间中单列出来；第二，我们不应该认为在全新世期间非人类世界的时间是停滞的，仿佛是地球历史的一个间歇期。这两个原则紧密相连。如果全新世的气候整体来说没怎么发生变化的话，那么这就像在光秃秃的平地之间的防火带，硬生生地把现今的问题和深层时间中的气候剧变隔离开了。可是现实的情况是，长期的气候循环和预料之外的气候变化的情况都在全新世时期中有所表现，就像在之前其他的世代一样。简而言之，我们不能止步于詹姆斯·汉森和佐藤真纪子的观点（即便它们非常准确），即全新世是地球历史中一段"相对稳定"的阶段，我们还必须进一步思考这个濒死的地质时代"相对稳定"到底是什么意思。不这么做的话就意味着在关键时刻忽略了研究地球历史的一个重要的原则：地球一直以来都是被偶然因素所塑造的。

大卫·布劳尔（David Brower）关于我们的世界在工业革命之前如何是个"美丽而有机的整体"的幻想从来就没有什么科学依据。可是，在地球科学的知识体系中，直到近期一直流传着一个类似想法的微型版，大致是说，全新世阶段的海洋和大气的确没发生过什么大的变化。这个观点在20世纪90年代以前一直没有被质疑，直到一些有启示性的研究开启了一个新的研究范式。有研究显示，在目前的冰川间期之前地球其实经历过一系列气候突变，大部分是更新世时期就存在的半固定周期的延续。① 全新世的气候波动幅度的确比之前的冰川期小很多，这就是一直以来没有被发现的原因。然而，即使以全球平均气温来看，波动并不大的气候变化都足以改变整个大陆的降水格局。这些突变有时会使摇摇欲坠的文明瞬间崩塌，就像公元前2200年饱受旱灾折磨的古埃及文明和公元900年左右的玛雅文明；而有时这种气候变化却促发了政治机构革新和社会复杂程度的深化。全新世并不是白纸一张，人类社会可以在上面随意书写。这个时期的气候也并非枯燥且一成不变，与人类历史无关、深居幕后。恰恰相反，国家和文化的形成跟政治和气候的关系密切相关。

当我们试图理解人类世的时候，铭记全新世气候的可变性这个事实异常关键。我们可以更立体地看待深层时间，就如同我在之前的章节中谈到的那样。理解全新世的确让我们能站在历史长河中去认识现在所面临困境的严重性。可是如何理解全新世也取决于我们如何去看待它作为更长的更新世的一部分，作为长期的冰川周期最近的一段温和时期。地球历史学家现在承认更新世特有的长期趋势和周期并没有在最近的地质期消失，它只不过是以相对微弱的形式存在。如果我们也有同样的认知，就能更容易以立体的视角去看问题。

---

① 这些文件中最重要的是：Gerard Bond et al., "A pervasive millennial-scale cycle in North Atlantic Holocene and Glacial climates," *Science* 278 (1997): 1257–1266.

还有另外一个理由我们必须铭记，全新世的气候多变，正因为这样我们才更会去关注这个即将消亡的地质年代。如果说非人类的世界早已困顿在冰川间期而没有什么改变，只是在有人类活动的时候才有所变动，那么，我们就很难对那些事物产生兴趣，因为的确有点无聊。人类的进步也会不得已以这个单调乏味的物质世界为背景。各种迹象表明，这种二元思维方式对于生态思维和绿色政治没什么好处。如果说非人类的物质世界被看成停滞、被动的，还眼巴巴地等着我们去保护，只会让人产生倦怠的情绪，甚至对那些最坚定的支持者来说也是这样。当然更好的是去关注全新世年代千变万化这个现实，比如其中的洪水、旱灾，还有物产富饶的时间段和地区。地球历史的进程中包括人类和非人类关系的齐头并进、纵横交错，这种进程在全新世依旧如此。

因此有了如下的叙事。关于深层时间的第二个故事的时间跨度不是以几百万年计而是几千年，这个故事给全新世遗弃的公民讲述了一个关于他们即将消失故土的浓缩过的且有选择性的历史。这个故事描绘的是全新世不仅仅可以被抽象地对待（比如说它作为停滞背景下的"人类文明的开端"），而且是作为一个有生命的空间存在。换言之，就是对全新世人们可以诚心相待，并且可以与之水乳相融。正如我在之前那章中谈到的显生宙的故事，唯一一个可以展示全新世已经死亡的方式就是去重述这个地质年代的过往，就像对显生宙时期的处理方式一样，我并不是说记住撒哈拉沙漠在何时变得干燥，或者阿卡德帝国在何时衰落是我们理解向人类世过渡的必备条件。我的意思是，对于全新世的同情在某种程度上有赖于我们对于过去的1.2万年的历史进程有一定的了解。

更新世的结束

全新世的故事开始之前应该有个序言。我们应该从 7 万年前人类大规模离开非洲开始讲起——这并不是要偏袒人类历史,而是这个大规模移民对非人类的物质世界产生了影响。①

如果从气候条件来讲,全新世是更新世一个颇为典型的分期,可是它的生态系统非比寻常。更具体地说,全新世是地球上大型陆地动物基本灭绝之后的首个间冰期。第一个也是最严重的物种灭绝发生在大洋洲,大概集中在 4 000 年前,当时大洋洲大型哺乳动物的 16 个属有 14 个完全消失不见了,包括袋狮、树栖袋鼠、双门齿兽(Diprotodon,一种结合了袋熊和犀

---

① 接下来的论述最重要的来源是:David E. Anderson, Andrew S. Goudie, and Adrian G. Parker, *Global Environments through the Quaternary*: *Exploring Environmental Change* (Oxford: Oxford University Press, 2007); William Burroughs, *Climate Change in Prehistory*: *The End of the Reign of Chaos* (Cambridge: Cambridge University Press, 2005); Jared Diamond, *Guns, Germs and Steel*: *A Short History of Everybody for the Last 13,000 Years* (London: Vintage, 1998); Brian Fagan, *The Long Summer*: *How Climate Changed Civilization* (New York: Basic Books, 2004); Steven J. Mithen, *After the Ice*: *A Global Human History*, 20,000-5000BC (London: Phoenix, 2004); Chris Scarre, ed. , *The Human Past*: *World Prehistory and the Development of Human Societies*, 3rd ed. (London: Thames and Hudson, 2013); and the early volumes of The Cambridge World History, gen. ed. Merry E. Wiesner-Hanks (Cambridge: Cambridge University Press, 2015). 现今有关肥沃月湾和中国农业出现的论述,我基本上沿用这篇文章的理论:Melinda A. Zeder, "The origins of agriculture in the Near East" and David Joel Cohen, "The beginnings of agriculture in China: A multiregional view," both in *Current Anthropology* 52, supplement 4 (2011): S221 - 235, S273 - 293.

牛样子的兽类），以及大型爬行动物的 6 个属和一种大型食肉无翼鸟的灭绝。在其他大陆，物种灭绝从 5.5 万年前就开始了，一直延续到全新世的中期。非洲受影响最小，不过一种马和一种大型的水牛也灭绝了。欧亚大陆上消失的哺乳动物包括河马、长毛犀牛、巨鹿、直牙象、土狼、穴狮，还有尼安德特人。美洲大陆是最晚受其影响的。更新世晚期北美洲超过 44 公斤的大型哺乳动物的 34 个属，以及南美洲类似的 50 个属——总的来说超过所有物种的百分之七八十都没有活到全新世，其中包括猛犸象、乳齿象、大型地懒、剑齿猫，还有"汽车那么大的雕齿兽和三趾滑距骨目类动物，它们看起来像是有着骆驼的脖子、短的大象鼻子的马"[①]。

大型食草动物是改造栖息地的强大工程师，它们能破坏现有的植被并且加速养分循环。这些动物的大范围消失使得全球的生态系统变得简单了。在温和的低地，原有混杂的草原、灌木和林地（由花粉记录显示）现在被单一的森林所替代。亚洲和美洲同样干燥却草木茂盛的"猛犸象草原"被湿润浸水的苔原所取代。而依赖这些动物传粉繁殖的植物也随着这些动物的消失逐渐灭绝了。

这些灭绝的时间点和灭绝物种的特性（小型动物、夜行动物、树栖动物有一定的存活优势）说明人类的捕猎活动起着决定性因素。最有可能发生的情况并不是一系列狂欢式的大屠杀导致的灭绝，而是由于新的捕猎群落进行的偶然猎杀造成物种数量平稳减少。当然，要不是原有的生态系统已

[①] Paul L. Koch and Anthony D. Barnosky, "Late Quaternary extinctions: State of the debate," *Annual Review of Ecology, Evolution, and Systematics* 37 (2006): 215-250.

154

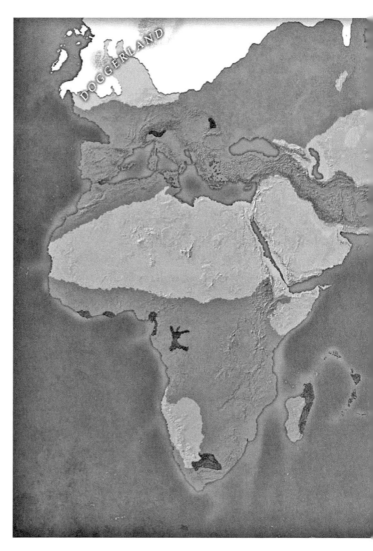

图 2 末次冰盛期的欧亚非大陆和印度洋,图片展示了芬诺斯坎迪冰层、森林衰退、沙漠扩张,还有正在形成陆地阶段的"水陆陆地

155

经危机重重的话，那么这些捕猎的结果也不会那么明显——这些物种在灭绝的时候正是更新世的气候周期经历最大波动的时候。

始于11.5万年前的冰川期大概在2.3万年前至1.65万年前达到最冷的时期，也就是末次冰盛期（LGM）。双冰层覆盖了整个加拿大并且远达印第安纳州。另外一个冰层从斯堪的纳维亚半岛一直通向威尔士和德国北部。在地球南部，冰川覆盖了巴塔哥尼亚和新西兰的大部分地区以及澳大利亚和南非的山脉。那时的温度跟现在比起来差别巨大，特别是在高纬度地区。最极端的例子是格陵兰岛，那时的气温要比现在低20多摄氏度；法国的西南部以北的西欧地区基本上没有人居住。然而，世界上大部分地区，干旱的情况跟严寒一样严峻（这两个现象难分彼此，因为温度降低导致海水蒸发量减少）。非洲异常干燥，并有森林退化的问题，也比现在的气温低了4摄氏度左右；南回归线以南的南美洲基本上都是沙漠。更奇特的是，西太平洋的热带地区可能要比现在还要温暖。乌拉尔山以东几乎没有永久冰层，只有永久冻土和荒芜的沙漠，还有界限不清的苔原和干旱平原。亚洲除了西南地区以外的绝大部分地区森林都消失了。[①]

冰层的形成导致海平面跟现在相比低120米。由于这种状况，一部分现在已经被海水淹没的陆地暴露在外，它们的总面积加起来比现在的北美大陆还要大。

这部分陆地被称为"水陆陆地"（aquaterra），"一种巨型

---

① N. Ray and J. M. Adams, "A GIS-based vegetation map of the world at the Last Glacial Maximum (25, 000 - 15, 000 BP)," *Internet Archaeology* 11 (2001), intarch. ac. uk.

的地貌，不断地在丘陵、湿地和海床之间转换"，就仿佛"海洋是千年的巨大的潮水退去又将其吞没"。① 大部分的水陆陆地都是处于中纬度和低纬度之间。在它处于陆地的状态时，它形成沿海地貌、平原和岛屿；它的土地常常是异常肥沃的，并且肯定在这里孕育了人类的文明，而这样的地区几乎还没有被勘探研究过。最大的消失了的水陆陆地叫巽他古陆（Sundaland），它遗留下来的部分组成印度尼西亚和马来西亚群岛，并且养育了当年世界上最大的热带雨林。还有白令陆桥，这个大型的陆地带连接了阿拉斯加和俄罗斯，正像斯里兰卡连接着印度大陆，以及新几内亚连接着澳大利亚那样。红海和日本海几乎跟大洋隔离开来。然而，并不是所有的末次冰盛期的低地都被大洋淹没了——有些地方由于冰雪的融化，随着海平面升高，陆地也一样暴露了出来。

在末次冰盛期之后，温度开始急剧上升，这是由地球轨道的变化，还有从遥远的南方开始的冰层底部冰融水的流动造成的。在这个阶段，非洲、欧亚大陆和澳大利亚的人口总数大概是100万，在美洲几乎没有人居住。新世界里人类活动的出现可能呈现这样的剧情：在末次冰盛期之后，加拿大西部（科迪勒拉）冰盖的消退使沿海大陆暴露了出来，来自白令陆桥的捕猎者乘船来到冰层南部，成了踏上美洲大陆的第一群人；然后他们快速地分散开去（快速轻盈得几乎没留下任何考古学印记），到了很多不同的地方，甚至在1.45万年前至1.4万年前智利南部的林地中都出现了一个他们的部落。让乳齿象灭绝的

---

① Jerome E. Dobson, "Aquaterra incognita: Lost land beneath the sea," *Geographical Review* 104, no. 2 (2014): 123-138.

人很有可能就是这些移民的一支或者是他们的后代,他们大概在 1.35 万年以前发明了一种改进的石制弓箭箭头。

同时,冰川期后期的气候也发生了变化。这种气候变化猛烈地席卷全球,特别是欧洲。整体上讲,更新世的冰川有一部分是由巴拿马地峡所引发的,在这里北向流动的大西洋洋流被盐化,从而使得向北极圈输送的热能减少。更新世内部的冰川周期某种程度上正是被这种此消彼长的洋流所控制。在 1.45 万年以前,由于南大洋冰雪融化水的推动,北大西洋洋流蛰伏很久之后突然出现,将等同于今日的巨大的热能带到了格陵兰岛和欧洲。格陵兰岛冰盖内的温度一下子就达到了现有的水平,甚至比现在还要高一点。接下来的 1 500 年中,北半球的温度就开始无规律地慢慢变动,大趋势是下降的,在 1.4 万年以前的欧洲再次出现了一个冰川期,不过整体上说还留有足够的热能使得斯堪的纳维亚半岛上的一些冰层消解,并在边缘出现了白桦树和白杨树林。

冰川期晚期大概在 1.45 万年前至 1.3 万年以前出现了温暖潮湿的气候,亚洲西南部的狩猎和采集者,特别是在地中海东部沿海地区生活的部落的人们享受着这天赐的良好气候条件——那时可能是人类有史以来能享受到的最美好的气候。我们有必要多谈一下这个人类族群,他们被称为纳图夫人(Natufians)——正是他们的后代还有他们附近族类后代的故事让我们在本章得以梳理全新世的历史。纳图夫人采集杏仁、无花果、树莓、梨子,猎取野猪、鹿和鹧鸪。这多元的食物组成构成他们经济体系的基础:开心果、橡果、迁徙的小羚羊,还有野生草类(小麦和大麦)——这可是全世界植物所能提供的最有营养的食物了。他们并没有人工种植植物或者饲养动物；也就是说，他们并没有通过选择性收割、种植或者培养出有别于野生物种的新植株、新物种。他们一直都是觅食者，而不是农户。可是，很多纳图夫人也选择了定居而非游牧的生活方式，他们在林地和干草原之间的地区收集树枝和芦苇来建造房屋村庄，他们投入巨大的时间精力去发明复杂的食物处理技术，比如镰刀、磨石、研钵和粮仓。此外，从他们的食物残渣中，我们可以看出他们有意给村庄附近的可食用植物施肥，使那里变成"野生菜地"。

纳图夫人的繁盛期一直延续到了冰川期的最后一个爆发期，那时突然发生了一次酷寒，史称"新仙女木期"（Younger Dryas）。位于北美洲的大型劳伦太德冰盖（Laurentide）部分融化，形成巨大的冰川湖，也就是阿加西湖（Lake Agassiz），它一点点地向南流入墨西哥湾。在1.3万年以前，融化的冰川之水打开了西北向的一条新通道，流入麦肯齐河（Mackenzie River）。这样，阿加西湖中的冰水混着冰山也一起流向了北冰洋。[1] 那时的气候系统正处于后冰川期的不稳定状态。这个巨浪阻挡了北大西洋的暖流，类似于末次冰川期的气候条件重返北半球的大部分地区，唯一不同的是现在冰盖的规模已经远不如以前。在格陵兰岛温度下降了10摄氏度左右，而在欧洲北部和加拿大东部的夏季气温下降了7摄氏度，冬季的气温下降得更多一点，像智利那么远的地方也下降了3摄氏度那么多，甚至中国寒冷干燥的程度跟欧洲相比都有过之而无不及。亚洲西南地区的旱灾迫使纳图夫人抛弃他们终年居住的村落，可是

---

[1] Julian B. Murton et al., "Identification of Younger Dryas outburst flood path from Lake Agassiz to the Arctic Ocean," *Nature* 464 (2010): 740–743. 在之前此洪水被认为通过圣劳伦斯河向东流向大西洋。

由此带来的后果并不是简单的文化上的退化。那些定居的村民只不过是收割当地的野草野菜并任其再生,而他们以游牧为生的后代却采取了更严格的管理策略:他们保留并且携带种子,以便在下一个夏季扎营的地方播种。这并不意味着他们培育出了基因不同的驯化物种,而是意味着纳图夫人对生态系统的刻意改造变得越来越专注和深化。

"新仙女木期"持续了1 300多年。然后,在1.17万年以前,北大西洋的暖流又重见天日。北半球的温度以异乎寻常的速度上扬了5摄氏度(很显然用了不到10年就完成了),然后就一直这么保持不变。上一个冰川期那种变幻莫测的气温就这么结束了,全新世的间冰期就开始了。跟有10万年那么长时间的冰川期相比,当时气候波动幅度若以10年为单位计从五分之一下降到十分之一,这个相对稳定的状态一直维持到了全新世。这个地层层形(stratotype)或者说"金钉子"是人们在北格陵兰岛钻取冰柱时所发现的,目前由哥本哈根大学收藏。这种气候的转变可以在三个年份的冰积层中(基本上可以确定是在公元前9700年前后)看出,通过氘气相对于氧的重同位素含量减少来证实。[1]

亚洲的西南部雨水又开始多了起来。在这个相对稳定的气候里,之前只是作为补充采集食物不足而存在的种子种植技术开始成为一种全新生活方式的基础,特别是在日益稳固和扩大的定居部落。这么看来,纳图夫人的生活肯定越变越好了(尽

---

[1] Mike Walker et al., "Formal definition and dating of the GSSP (Global Stratotype Section and Point) for the base of the Holocene using the Greenland NGRIP ice core, and selected auxiliary records," *Journal of Quaternary Science* 24, no. 1 (2009): 3-17.

管在全新世的早期他们已经不怎么被称作纳图夫人了)。然而,考古学中有一个最不可思议也是最为人所知的发现,就是从游牧到农耕的生活方式的改变并没有提高生活水平,反而降低了生活质量。人们发明农业并不是为了提高生活质量;事实上,农业是人们跟野外的食物互动的结果。在现代医药出现以前,自给自足的农户基本上比他们狩猎采集为生的祖先更饥饿、更容易得病、更容易残疾,寿命更短,可是劳作却更艰辛。骨骼残骸表明,在更新世晚期和公元前3000年前,欧洲东部和北非地区成人男性的平均身高下降了大约10到15厘米,这标志着那时人们的生活标准有灾难性的下降。

农业耕作每公顷产出的热能,若以卡路里计算,要远高于野外觅食,可是不久以后人口增长的速度就超过了食物的产能。在早期农业社会的女性通常情况下比狩猎采集社会的女性多生两个孩子,因为定居生活的家庭生孩子的时间间隔较短,而游牧生活方式下的妇女需要背着孩童,而且田地里总是需要新的帮手。更大更密集的人口群体容易造成传染病的传播,而且这样的群体卫生情况恶劣,容易感染疾病;而和家畜生活比较接近也造成跨物种之间的病毒性疾病的传播。剩余食物的储藏和分配也催生了四害和寄生虫般的社会精英分子。由一些主要的碳水化合物构成的饮食结构与狩猎采集者的相比没有那么健康,因为狩猎采集的食物构成更多元,而以碳水化合物为主的食物会引发蛋白质和维生素缺乏的疾病,包括贫血症和佝偻病。野外觅食所花的时间可能是每天几个小时,而农业社会的食物生产和处理的劳动时间出现大幅度的增长。女性作为曾经的狩猎采集者,现在要花一辈子的时间磨面粉,还要面对这种劳动所带来的肌肉骨骼损伤,她们的社会地位由此遭到了损害。无论是对男性还是女性，以石碾的谷物为主的饮食习惯意味着每顿饭都要吃谷物渣粒，这又进一步造成牙釉质的损伤。① 尽管如此，农业耕作一旦开始就会蔓延到其他地区，因为发育不良和营养不良的从事农业的人的数量在不断增加，他们人多势众，很快就把狩猎采集部落从优良的土地上赶走了。

这种灰暗的现实对于我们思考全新世语境下的人类世极为有用。② 这样，我们就可以把普世价值论拒之门外。我之前已经论证过，人类世从字面上来讲有可能被看成地质年代中的一个新的地层期，因此，人类世的支持者就不必愧疚于陷入那种以自我为中心的中产阶级的世界观，那种将富人团体的利益当成全人类的共同利益的观点（就是不加区分的"全人类" anthropos）中去。把人类世的诞生看成由全新世的死亡而来，这样的观点可能也会让有些人觉得"我们"在全新世的作用是一样的，比如过去1.2万多年气候条件的相对稳定让全世界都受益，所以我们有着超越政治的共同利益，应尽可能地让地球在全新世的各项秩序中运转。

全新世的气候并不是一成不变的，并且对于很多社会来讲这些变化具有很大的破坏力——一旦认识到这点，我们就可以消除那种不该有的多愁善感的看法。而更有说服力的事实是，在全新世的大多数时间内，人类的平均生活水平根本没有任何

---

① 有些狩猎采集者的确面临同样的困难，然而，由于处理某些采集来的食物（尤其是橡树果）会非常辛苦。在很多东亚的社会形态中，那里农业发展之前人们发明了陶器，这样谷物是被蒸煮的，而不是被碾磨和烘烤。
② Lesley Head, "Contingencies of the Anthropocene: Lessons from the Neolithic" (*Anthropocene Review* 1, no. 2 [2014]: 113-125). 这篇文章中提出了另外一种很机敏的看法，也就是可以把人类世和农业或者新时代的革命并列起来探讨。

提高，并且事实上，从狩猎采集社会到农业社会的转变通常意味着一般民众的物质生活反而以惊人的速度下滑。现代的公共卫生医疗体系可能是首个逆转了这个下滑趋势的存在。可是很难说人们的生活水平——比如现时生活在尼日利亚和乍得的自给自足的小农或者未被雇佣的母亲——到底比上一个冰川期末尾以狩猎为生的纳图夫人要高多少。人类世并不是伊甸园的堕落。全新世并没有给每一个人都带来实际的好处，它更不是我们不假思索需要珍惜的东西。我曾说过，如果要哀悼全新世的死亡，我们得带有批判甚至嘲讽的态度去悼念。当然，人类向农业社会的转型也是民主政府、医疗科技，还有很多其他事物的必要前提。

十二个千年

用人类世的视角观察全新世，就仿佛是从外向内的探视。这意味着我们第一次可以把全新世作为整体来观察，既保持着一定的距离，又维持了某种程度的细致关注。跟显生宙不同，全新世还没有现成的地质年代分期对其进行细分（当然，接下来我们会看到，进一步细分全新世的计划一直在进行）。因此，在本章余下的部分，我会以一千年为单位，详述全新世十二个千年的历史脉络，就像十二本书写史诗的书。

为了更简明并且便于记忆，抱着一种实验和好玩的心态，我尝试着给全新世的每一个千年起名字或"绰号"，或者用数字命名。这些名字大部分来自世界上的一个地区，这个地区也是花最多笔墨叙述的地方。这个地区的核心地带是肥沃月湾（Fertile Crescent），事实上这个地区并不是新月的形状，而是一个包围着叙利亚沙漠和阿拉伯沙漠的北部地区的球根状的弧形，这个包围圈是以低山和冲积平原构成的。从西向东这个弧形包括勒旺（纳图夫人的故乡）、安纳托利亚的东南角和美索不达米亚，还有幼发拉底河和底格里斯河的平原及三角洲。这个新月地区的东部衔接着伊朗高原边缘的札格罗斯山脉，西南部是尼罗河谷地和撒哈拉，西部紧靠着爱琴海的岛屿。

这个形状不定的地区是全新世时期世界上科学发明最领先的地区，这也就是为什么相比地球上的所有其他地区，我们对它的早期历史有更多的了解。我把这个地区当成讨论的核心，正是因为它的发展进程（目前来讲独一无二）为人所熟知，我能够对全新世的每一个千年做出细致的比较。另外一个原因是这个地区可以被当成旧世界地理上的中心或者交叉口。这里包括非洲、亚洲、欧洲这三个大陆的一部分。在 15 世纪和全新世快要结束的时刻，这个包围着纳图夫人故土的地区被纳入一个更大的围绕着印度洋的贸易网络中。这个地区的人口密度和科技发展程度已经被中国和印度这两个农业大国所超越。尽管如此，在那个世纪里这个地区还是亚非欧大陆的一个典型的交互接触之地。人口、商品，还有思想从四面八方沿着丝绸之路通过巴格达和阿勒颇，在红海的上端和波斯湾流入开罗和巴格达，同时通过君士坦丁堡/伊斯坦布尔（迄今为止都是欧亚大陆西部最大的城市）穿过地中海，而拜占庭王朝、帖木儿帝国、马木留克王朝、奥斯曼帝国，还有萨菲王朝都在此地纵横捭阖，称王称霸。当然，这都是在新仙女木期之后很长一段时间才出现的。

++++

全新世的第一个千年是从公元前 9700 年到公元前 8700

年。根据肥沃月湾和它周围的环境情况，我给它起了一个相关的名字，"耕地千禧年"（Agrarian millennium）。在这个时期我们并没有发现在基因上跟野生物种有区别的农作物：DNA可能仍在受管理的植物和野生植物之间自由流动。可是这个名字意味着新月地带对于土地的培育（一种可能介于耕作和蔬菜栽培中间的对土地改造的方式）在新仙女木期之后持续扩散与发展。野生的食物比如瞪羚、野猪、果仁依然是人们日常饮食中的重要组成部分。然而，此时期这些食物是同单粒小麦和二粒小麦一起食用的，这些种子从幼发拉底河的上流被冲刷而下，人们把它们撒到田地里，除去杂草并时时浇水。鹰嘴豆是从土耳其的南部地区扩散而来。社区共用的谷仓开始出现，用于储存大麦和燕麦。

当时约旦峡谷的杰里科（Jericho）建立了一个永久的定居点，就是史上赫赫有名的"世界上最老的城市"。这个定居点逐渐扩大，变成一个可以容纳1 000人的城市，并且有一个高达8米的宽体石塔，这座石塔可能用于操办仪式，并没有防卫的作用。杰里科有一个卫星村落位于纳提夫·哈格杜德，有证据表明这里的农田曾种植小扁豆；另外还有位于吉甲的卫星村落，这里曾有人挑选了特别甜的无花果树进行扦插繁殖。这些村落是一些圆形的砖泥房子的聚集，它们有一半建在地下并且屋顶由芦苇所覆盖，可是在哥贝克利山山顶的敬拜场所发现了形似人类躯干的巨型石灰岩柱子。类似形状的石柱可见于美索不达米亚的中部和南部地区，它们连同一些蛇和鸟的图形（有时浸泡在动物血水中）、人类和野牛的骨架都属于一种复杂仪式的一部分。

全新世的开端见证了冰层和永久冻土从欧洲退去，榛子树、白桦树、松柏、鹿、野猪向北部扩散（温度每上升 7 摄氏度，树的物种就会向极圈推进 1 000 公里）。人类拿着弓箭狩猎，尾随着树林里的哺乳动物向北部迁徙，一边采集榛果，一边用柳条编织的渔网捕鳗鱼。中石器时代文化的中心可能要数多格兰（Doggerland）了，它位于欧亚大陆北端的低地沼泽和狭窄谷底。大气中甲烷含量的升高也证实了热带的湿地不断扩大。尽管肥沃月湾地区陶器还未出现，在中国、日本和亚洲东北部的狩猎采集者已经长期广泛使用陶器进行烹调及摆设。而在这个千年，日本绳文文化首次出现了常年定居的村落，其饮食结构中包含橡子、鱼和熏猪肉，他们的陶瓷制造工艺在这段时间也变得更加发达。北部中国也出现了类似的村落，那里的村民猎杀野鹿、处理种子、打磨骨架和鹿角制成工具，有些是以定居的方式生活而有些并没有定居。在美洲，用做食物的作物开始和野生的原生作物区分开来：在厄瓜多尔海岸的游牧种植者培育了瓜类，而哥伦比亚安第斯山的人则培育了竹芋。

在这个千年开始的时候，人口的总数大概在 500 万。然而，全新世最初的那几千年曾有过人类踪迹的地区基本上已不再有人迹了。肥沃月湾的人们毫无疑问定居在现在的波斯湾地区，应该是海平面的上升把这些"耕地千禧年"的沿海村落都给淹没了。

++++

同样是以肥沃月湾地区为着重点，我们可以把全新世开始阶段的第二个千年称为"畜牧千禧年"（公元前 8700 年到公元前 7700 年）。植物的培育和动物的圈养在肥沃月湾地区同步发展，而对动物的"剥削"（除了狗，因为驯化的狗已经被广泛用于捕猎）要比对植物的使用晚一些。跟植物的培养一样，动物的圈养也有先例可循。一些更新世的狩猎者捕猎时会通过放生雌性动物只捕猎雄性动物来维持猎物的数量；更进一步的做法是当生存艰难的时候给猎物喂饲料，活捉并圈养这些野生动物，直到需要的时候对它们进行宰割。正是在这个千禧年发现了最早的长期圈养绵羊和山羊的证据，这在好几个地方都出现了，包括哥贝克力山顶的附近、幼发拉底河中上游，以及安纳托利亚中部以西的地区。在这些地点同样也发现了驯化的猪，它们有可能是觅食的时候不由自主地来到了这里，另外还有驯化牛的早期痕迹。同时，谷物的驯化也即将完成。与野生同属类的麦子在基因上有很大差别的二粒小麦和单粒小麦开始出现在幼发拉底河上游（同样离哥贝克力山顶不远），而大麦在约旦峡谷和札格罗斯开始出现。

"畜牧千禧年"有关经济作物的一个最生动的例子是塞浦路斯的定居地。从新月地带来到这里的殖民者带来了一系列的物种，给这个岛上增添了各类物种，包括单粒小麦、二粒小麦、大麦、亚麻、猪、山羊、牛、鹿，甚至还有狐狸。我们从约旦南部的贝达（Beidha）的矩形双层砂岩建筑中可以看到这些社会的变化。相比"耕地千禧年"与周边农田融为一体的群居村落，贝达这个地区的厚实墙体意味着社会空间的分割，并且私有住宅的出入口设置了一些限制，并不是谁都能随意进出。①

北美洲劳伦太德冰盖融化而成的阿加西湖在一次巨大的洪水中再次施展它的影响。北大西洋的暖流在这个千禧年的中期

---

① Brian F. Byrd, "Public and private, domestic and corporate: The emergence of the Southwest Asian village," *American Antiquity* 59, no. 4 (1994): 639 - 666.

再次变弱,并且大西洋的温度下降了两摄氏度,给欧亚大陆带来了旱灾。紧接着,夏季的北半球的日光照射强度达到了其峰值(比现在高百分之八左右),因为北半球的仲夏正好处于地球年度公转轨道最接近太阳的时候。由于北半球比南半球的陆地要多,这意味着整体上讲地球正接近整个全新世最温暖也是最潮湿的阶段,其带来的效应在非洲异常显著。撒哈拉曾经是绿色的——它曾是一个庞大的热带草原,湖泊星罗棋布。大西洋吹来的季风带来了雨水,滋养着瞪羚、河马、大象。在这个千禧年或者更早的时期,撒哈拉地区再次出现了定居的部落,这个部落的人们以捕猎芭芭利野绵羊为生,并且他们比西南亚的人们更早会制造陶器(可能是用来煮草籽粥),其管理牛羊群(已经非常接近于饲养)的技艺也更加高超。

北美洲在变暖的同时也变得更加干燥。出于这个原因,短茎的草更容易扩散,这又反过来促进了北美野牛的繁衍(北美野牛是更新世晚期大屠杀中极少的幸存者)。主要集中在北美洲大平原上的福尔松文化以猎杀北美野牛作为其文化的基石——这是一个常年移居的社会,它的人口密度不高,有着很简易的定居点,最为人所知的是光滑的石制矛头。值得注意的是,世界范围内其他以采集为生的部落也在持续发展定居的生活方式。因此,在泰国北部的"灵性洞穴"(Spirit Cave)内,热带雨林中以狩猎采集为生的人在一起共享食物,包括果仁和各类种子、鱼和鼠类,还有各类的树居哺乳动物(猕猴、叶猴、懒猴、鼯鼠)。他们可能把从油核桃和大戟中提取的毒素涂抹在抛射物上,用来猎杀这些动物。

++++

我们可以把全新世的第三个千年(公元前 7700 年至公元

前 6700 年）当成"农业千禧年"。"耕地千禧年"和"畜牧千禧年"时代的肥沃月湾地区出现的人和非人关系的革新现在已经发展为一系列固定的生态和社会组织。在这个千年之中，山羊、绵羊、猪和牛都完全被驯化了，并且过程极其相似：在新月地带的中心，这些动物开始从野生的群落中分离开来（山羊的话更靠东一点），紧接着向西扩散到勒旺，向东扩散到札格罗斯。这些动物的外形发生了很大的变化，它们头上的角和牙齿逐渐变小。从食物构成和地貌的组成来看，新月地带的农业生产组织结构变得越来越统一，农业生产的食物开始逐渐取代野生的食物，而并不仅仅是作为补充食物而出现。在末次冰盛期之前，捕猎瞪羚就一直是亚洲西南地区经济的核心；可是由于一千年的过度捕猎，人口最密集的地区迅速把饲养的山羊作为蛋白质最主要的来源。由于农户的开拓以及文化交流，新月地区的农业组织开始往其他地区传播。在伊朗高原的南部一直到东部边缘冲积而成的土地肥沃的扇形地区，在印度河谷之上，务农为主的村落在此开始形成。农户携带着谷物、山羊，以及采集到的枣子来到此地，当地的峰牛、瘤牛也很快被驯化，替代他们未能带来的牛类牲畜。

这个时期有代表性的考古遗址是加泰土丘，处于新月地带的西边、安纳托利亚平原南部。那里有 13 公顷呈蜂窝状密集排列的房屋，可能可以容纳 3 500 人到 8 000 人。这里几乎没有什么街道，房屋都需要从暗门进入，而且这里没有什么公共空间，可是文化生活却生机盎然，几百年以内没有什么大的变化——这些现象都在房子里面的空间中有所表现。几乎每一个住址都保留了很多的人和牛的骨骸、公牛和无头尸体的画像，还有厚重地板下隐藏的墓葬。哥贝克利山山顶之前的比较复杂的文化形态如今很明显已经转化为日常生活的隆重仪式。①

二氧化碳的浓度爬升到了 280 ppm 的水平,这个水平一直维持到现代社会,全球的气温和湿度也爬升到了一个稳定的状态——即"全新世气候适宜期",而且一直延续到第七个千年。北美洲大草原向东的扩张也达到了极限。在这个时期,亚马孙雨林中的首个定居村落出现了,这里的人以鱼类、贝类、竹芋、水果和果仁为生。他们把吃剩的贝壳埋进土堆之中,在露出地面的岩层上绘画,通过砍伐和种植树木而重塑森林(特别是对可食用棕榈树的种植)。定居村落也开始出现在中国南北方之间分散却互通的人口密集地区,南部的中心是在长江流域,这些村落留下了很明显的遗迹。考古学家在建筑风格统一的圆形建筑物之中发现了用陶器煮的野生稻米,这种稻米可能受过某种程度上的培育。定居的生活之所以成为可能,主要是当时多元的食物构成(包括荸荠、大豆、李子、桃子、鸭子、水牛、麂鹿),包括猪可能在那里也很早就被驯化了。陶器跟逝者一同下葬。

+ + + +

全新世的第四个千禧年(公元前 6700 年至公元前 5700 年)或许可以被称作"大洪水(Diluvian)千禧年"。这个名字源自一个古气候学现象,即那个被称为"8.2 千年事件"的灾难。新仙女木期和"畜牧千禧年"发生的洪水并没有耗尽北美洲的冰层。劳伦太德冰盖的一小部分还冰封在加拿大北部,它的南部边缘有一圈新月形的冰水。在这个千年过了四分之一的

---

① 提出这个观点的是:Ian Hodder and Craig Cessford, "Daily practice and social memory at Gatalhoyuk," *American Antiquity* 69, no. 1 (2004): 17-40.

时候，湖水从冰层和下面的陆地之间流出。阿加西-欧及布威湖的湖水通过冰层下的宽阔的高压急流流入哈德逊湾中，这个湖很快就干了。冰山也在海床上雕琢出了抛物线状的伤疤。这个洪水的水量大概在 16.3 万立方公里，比新仙女木期的水流要大很多倍。① 同样，这个洪水阻断了北大西洋的暖流，不过地球系统整体上来看是稳定地处于全新世早期的温暖阶段，而由于这一次淡水并没有注入北冰洋的心脏地带，所以接下来的气候异常远比新仙女木期时间短，也没那么剧烈。即便如此，这也是整个全新世时期最大的气候异常。

这次气候异常发生在这个千年的中期，也就是 8 200 年前，全世界接下来的 400 年都受到它的影响。格陵兰岛的温度下降了不止 6 摄氏度，欧洲变得更加潮湿阴冷，而美洲变得更加寒风凛冽。亚洲和非洲的季风变弱，带来了众多灾难，而肥沃月湾地区也饱受旱灾。在全新世阶段一直在上涨的海平面也由于这场洪水升高了一两米左右，这足以使沿海的平原大范围地被淹没。

一个尚存争议的理论认为，这个千禧年之后上升的海平面导致一次小型的赞克勒期（Zanclean）大洪水再次上演：海水填满了地中海，甚至淹没了黑海。根据这个理论，此前的黑海是一个淡水湖，周围有很多（不幸的）人于此繁衍生息，而后却变成一个海平面下的淡水湖。有更可靠的证据表明阿加西湖引发的洪水造成约旦峡谷的灾难。自从杰里科（Jericho）乡村

---

① Patrick Lajeunesse and Guillame St-Onge,"The subglacial origin of the Lake Agassiz-Ojibway final outburst flood," *Nature Geoscience* 1, no. 3 (2008): 184 – 188; David W. Leverington, Jason D. Mann, and James T. Teller, "Changes in the bathymetry and volume of Glacial Lake Agassiz between 9200 and 7700^{14}C yr B. P.," *Quaternary Research* 57, no. 2 (2002): 244 – 252.

建立,这个人口密集的峡谷一直是农业科技发明的重镇。在加扎勒(Ain Ghazal)发现的石膏雕塑甚至反映了巴比伦宗教的某种源头。可是,出于森林退化、过度放牧、洪水过后的旱灾造成的水土流失等种种原因,在"大洪水千禧年"的后半期这些城镇已经被抛弃了。

另外一个曾经的文化中心也面临着更迅速的瓦解。海水的升高吞噬了欧洲狩猎采集群落的中心地带多格兰地区,而洪水更加速了这个瓦解进程。最后的致命一击是斯多雷伽山体大滑坡(Storegga Slide),它在气温异常高峰期过后的几十年以后突然降临。大约在晚秋时节,一大部分的沿海大陆架沉入海底。正因此,海啸突袭了设得兰群岛,激起一个二十几米高的大浪,横扫了多格兰地区肥沃的河口和泥滩。到这个千年的末尾,多格兰岛已经被淹没得只剩下星星点点的小岛,海水也把大不列颠从欧洲大陆分割开来,新几内亚也同样与澳大利亚分开了。在这个"大洪水千禧年"快结束的时候,地球的气温重新回到了最高值,尽管撒哈拉在那以后再也没有恢复其在季风气候下曾有的富饶。

+ + + +

第五个(公元前 5700 年至公元前 4700 年)和第六个千年是全新世温暖潮湿最佳气候期的后半段,所以最好把它们放在一起谈。它们可以被称作早期的欧贝德文明和晚期欧贝德文明,放在一起可以被看成全新世的古典时期、成熟期的伊始。冰川已经退回到全新世阶段的最终状态,末次冰盛期结束以来海平面缓慢上涨了 120 米并最终在今天的海平面高度上固定下来。在肥沃月湾地区,一个新的区域出现了。南美索不达米亚是一个少雨而暴晒的平原,它是肥沃月湾地区最晚出现永久定居点的一个地方。底格里斯河和幼发拉底河（特别是后者）在此沉积了大量的洪水带来的土壤。第五个千年由于灌溉渠道的建造，这个地区变成一个种植单一谷物的地点，生产出了大量的谷物粮食，为世界上最顶尖的社会和技术发展提供了源源不断的动力。欧贝德文化有着特色鲜明的建筑风格和陶瓷制作传统，这种文化在洪水后的平原上持续了至少2000年，甚至还（通过和平的散播而非入侵）传播到了美索不达米亚的北部，后来甚至传播至安纳托利亚和波斯湾。

欧贝德文明的社会是由多个稳定而保守的酋长部落组成的。乌尔和埃利都是两座庙城，在这里人们献祭鱼给水神恩基（Enki）。像这样的庙城，每一个都从周边100平方公里范围内的村庄收取剩余谷物。在饥荒的时候，这些剩余的谷物会被再分配，或用作跟北方山区交换石头和木材之类的等价物。在平时，这些谷物养活了当地的精英阶级——他们控制水源、土地和劳工，并且显然并不是通过奢华的消费和无止境扩张的尚武精神来和大众加以区分的。而对于绵羊奶和山羊奶的摄取（挤奶的做法在小范围内已被实践了1000年之久）似乎越来越成为人们获取蛋白质的重要来源。大概在全新世的第六个千年，厚毛绵羊的育种和饲养使得纺织生产的原料从之前的亚麻转向了羊毛，而此时正是橄榄、葡萄、无花果被培育的时间。这个稳定的文明体系直到第六个千年的最后一个世纪才被打破。那时的墓穴中出现了铜质的装饰品，还有埋葬战死的年轻战士的大型墓穴，这种种现象都表明欧贝德文明正在向险恶而辉煌的青铜时代国家形态过渡。

肥沃月湾文明的各种形态向西南和西北地区蔓延。早期欧贝德文明中对小麦、大麦、绵羊和山羊的饲养技术被尼罗河峡谷的村民和撒哈拉的放牧养牛的牧民所采用;爱琴海附近的一个长期的农业聚集点发展为地中海混合文明,这里的人们融合了小麦种植、绵羊养殖、捕鱼和野外食物采集等各种获取食物的方式;线纹陶器农耕文明开始在匈牙利平原出现,肥沃土地中的林木被砍伐,而土地用于更有用的农业生产,这种农业基于月湾地区的农业生产并有所改进,包括饲养牛,种植谷物、豌豆,制造木制房屋和简单的有锯齿状的陶器。

对于农业向欧亚大陆西部海角的蔓延,我们的了解相对充分。在第五个千年的上半叶,线纹陶器文明及其继承者分别向西和向东进发,穿越了欧洲中后部,而地中海的混合文明在大西洋的海岸线扩散开来。组成这群农耕人口的一部分是来自南部的殖民者,一部分是狩猎采集者的后代,他们逐渐适应了新的生活方式。基因证据表明,后者是这个群体的主要人口构成。他们和自新仙女木期以来就在欧洲大陆过着狩猎采集生活的游牧部落进行贸易交换。有证据表明,以狩猎采集为生的文明中曾出现过社会动荡和不断升级的长期暴力行为,在北部海岸的内陆大约150公里的地方还有一个"隐形的屏障",那里中石器时代傍海而居的人们(他们靠捕捞鱼、贝、海豹、水禽为生)曾坚持抵制农业文明的入侵长达1 000年之久。[①] 欧洲向新石器文明的转变在欧贝德文明晚期才最终得以完成,最后几个以捕食海洋生物为生的文明——包括斯堪的纳维亚南部、大不列颠和爱尔兰地区的文明,最后被农业社会排挤而边

[①] Bryony J. Coles, "Doggerland: The cultural dynamics of a shifting coastline," in *Coastal and Estuarine Environments*: *Sedimentology*, *Geomorphology and Geoarchaeology*, ed. K. Pye and J. R. L. Allen (London: Geological Society, 2000), 393-401 (399).

缘化。

在这两个千年的进程中，中国农业耕作体系逐渐成形：北部的黄河流域有猪、鸡和小米，南部的长江流域有稻田。黄河流域仰韶文化出产的绘画和陶器有着萨满教的痕迹。长江边上有用陶土和竹子建的多室房屋，墓葬中有的女性口含玉石。而在这两个千年的中期，新几内亚出现了首个以培育原生植物为食物的文明。在亚洲西南地区的农业生产，人们需要清理灌溉田地，播种插秧，以及圈养牲畜从而获得蛋白质和肥料；而新几内亚人却完全不同，他们并没有可以驯化的谷物或者大型动物，他们的专长是蔬菜栽培，还有多年生植物的培育繁殖。自进入全新世以来，新几内亚高地的人们已经会用火焚烧森林，然后选择其中最好的土壤移植甘薯、芋头和香蕉。如今他们更进一步培育这些植物：他们用斧子砍伐森林腾出空地，堆砌土堆，然后在上面种植香蕉、芋头和甘蔗。安第斯山脉中的四种驯化的动植物——土豆、美洲驼、羊驼、豚鼠——似乎也是起源于这个时期。这些动物可能是半定居的高地猎人从野外带回来的；同时，他们也培育了藜麦，不过藜麦的完全驯化是在后来才发生的。

接近欧贝德文明晚期的时候，西伯利亚的猎人坐船来到弗兰格尔岛（Wrangel Island），这个岛是被淹没的白令陆桥露出水面的一部分。在那里他们发现了唯一一群在全新世幸存下来的猛犸，这个动物的体型与以前相比已经小多了，但最终也被猎人赶尽杀绝。

++++

在第七个千年（公元前 3700 至公元前 2700 年），技术和气候变化的速度都在明显加速。这个千年可以被称作"象形文字千禧年",书写是这个时期其中的一个发明。气候的变化究其源头是由地球和太阳之间的几何矩变驱动的。自从"畜牧千禧年"以来,夏季北半球的日照总时长在缓慢减少,夏季热量的减少也使北半球季风的能量稳步下降,可是季风跟地表植被的相互作用意味着降雨量的变化并不是以循序渐进的方式进行的,而经常是突变的、有地域差别的、跳跃式的。在第七个千年,很多地方突然转为较为干燥的气候。本质上讲,这个时期在北回归线附近出现了现代世界的干旱带,从美国西南地区一直延伸到撒哈拉、中东和中亚的沙漠。我们甚至可以把这种气候的变化跟社会的变化关联起来,季风带的干燥化以及应对这个情况的必要性可能是三个大洲几乎同时出现复杂社会体系的原因。① 类似这样的宏大论述,我们还是把它作为一种发人深思的探索比较好,而不要把它当作某种教条。但是"象形文字千禧年"中普遍出现的社会生态重构跟"大洪水千禧年"中的温度异常一样,如果从人类世的视角来看,无疑是一个里程碑事件。

"象形文字千禧年"中最有特色的定居点是乌鲁克(Uruk),离埃利都(Eridu)和乌尔(Ur)北部大概有一两天的步行距离。在这个千禧年开始的时候那里已经有1万人了,而到这个千年的中叶人口大概是原有的四倍。乌鲁克是一种新型的中心,我们可以称之为首个城邦之国,也是首个殖民之国。它的贸易据点散落在伊朗和安纳托利亚,相互之间通过驴驮货物的车队和河水的筏子连接。乌鲁克的商业利益不仅仅是

---

① Nick Brooks, "Cultural responses to aridity in the Middle Holocene and increased social complexity," *Quaternary International* 151, no. 1 (2006): 29 - 49.

木材，还有银子、黄金和天青石。而美索不达米亚缺少像伊朗和安纳托利亚地区那样的据点，这意味着这种文化的地域型经济结构是"中心-边缘"形态的，而不是网络状的。乌鲁克的艺术和高耸的庙宇意味着这里的统治者并不仅仅是地方的酋长，而是有神灵旨意的国王。这种文化的繁荣是由于人口的密集和手工业的分工，而不仅仅是技术的发明，这就解释了其最不可磨灭的成就：乌鲁克官员在寻找一种比陶片更有效的记录行政货物的方法，这大概就是书写这门艺术如何在日常生活中发展出来的。南美索不达米亚的农民从来没有指望过夏季降雨，所以这里天气干燥其实并不是障碍，反而是来自上天的眷顾，因为这样之前水淹的土地就可以用作农耕生产了。当然，在这个千年的下半叶，作为一种区域性强势文化的乌鲁克开始瓦解，紧接着在原地出现了一大群富有的城邦小国，这就是城市化高度发达的苏美尔政体。在这个千年末尾的很长一段时间，大约有五分之四的人口居住在围绕着圣城尼普尔的城里。

气候变化对撒哈拉产生的影响则非常不同。研究者在大西洋沉积层的记录中发现此时的风沙突增，这意味着依靠季风存在的湖泊和热带草原普遍被今天的沙漠所替代，这个过程是"极为突然的，只用了几十年到几个世纪的时间"，大致发生于公元前3500年。[1] 撒哈拉地区养牛的牧民被迫向东迁徙进入尼罗河流域。之后不久，或许受到乌鲁克书写艺术传说的启发，象形文字就在那边出现了，拥有文字的那卡达文化（Naqada）向下游传播并创建了第一个统一的埃及国家。这种

---

[1] Peter deMenocal et al., "Abrupt onset and termination of the African Humid Period: Rapid climate responses to gradual insolation forcing," *Quaternary Science Reviews* 19, no. 1-5 (2000): 347-361 (355).

巧合引人遐想。或许埃及的王朝是两种文化互相交融而成的，既有来自那卡达的深谙灌溉技术的专家，又有来自撒哈拉的精通牧牛的牧民——后者的文明曾在那卡达建立了世界上最老的巨石阵天文神殿。又或许那卡达人之所以变得富有而又侵略性，恰恰是因为他们剥削了因气候变化而流离失所的难民。

马也被驯化了，被当成肉和奶的来源，而哈萨克斯坦北部寒冷大草原上的波泰人（非农业民族）也把马作为交通工具。有车轮的车辆有可能是在这个地区被发明的，这个技术很快就传播到乌鲁克和欧洲，所以很难说是不是来自这个地区。牛牵动的重型车先被发明了，然后又出现了马拉的车子和作战用的战车。用牛耕地可以开发利用更深的土壤，这样的做法刚刚出现，或者说在"象形文字千禧年"才开始广泛使用。在印度河流域一个前城邦文化出现了：科特迪兼文明（Kot Dijian），也被称为早期哈拉帕文明，那里人们建立了网格式排开的泥砖建造的定居点；种植大麦和饲养牛、绵羊、山羊；他们也在色彩鲜艳的陶器上绘制牛形的装饰。中国气候变寒变干燥的趋势与长江流域水稻种植者向亚洲东南部迁徙的时间点相吻合，也和一个南岛语系水稻种植为主的文明向台湾扩散的时间点重合：这两个区域的人口扩张还有很多后续故事。

++++

第八个千年可以看成"法老的千禧年"（公元前 2700 年至公元前 1700 年）：吉萨德大金字塔和斯芬克斯就是在这个千年的前两个世纪建造的。这个千年跟埃及的古王国和中期王国几乎是同时代的，这些王国都有着我们所熟悉的金字塔陵墓和训练有素的学院派绘画传统。与埃及古老王国同时期的美索不达米亚的城市化发展不断加深。木材、金属，还有奢侈品（象牙、珍珠、天青石）从周边的地区（就是我之前说的旧世界的中心）运送过来；谷物和羊毛织物从这里出口到周边地区；阿卡德王国早期的帝国式征讨也为这个贸易系统的建立打下基础。繁密复杂的贸易线路穿过波斯湾，这里船只穿行络绎不绝，用芦苇编织成的风帆在风中摇曳，连结着美索不达米亚和另外一个经济中心。这个经济中心就是南亚的印度河谷地，从恒河流域至伊朗高原巨大的洪泛区连接形成一个单一的政体。至少有五个幅员辽阔的城市（其中哈拉帕和摩亨佐-达罗两个城市最为有名），还有数不清的小型农业据点形成单一语言社区。这里的制造业吸收了远自东面的印度半岛和喜马拉雅山麓的原材料。尽管和美索不达米亚地区有奢侈品贸易，印度谷地的社会结构看起来似乎相对平等。

大约在公元前2200年曾有一个很混乱的阶段，出现了饥荒和同类相食的现象，这跟另一次被称作"4.2千年事件"的主要气候异常有关。尼罗河水面在很长一段时间内呈现了灾难式的下降（有一度在某些地方人甚至可以轻松地穿过），而美索不达米亚却变得寒冷、干燥、多风。埃及古老王国和阿卡德帝国同步衰落可以说是人类文明的第一个黑暗时代。气候的干燥化影响了世界上低纬度的地区：亚马孙经历了整个全新世时期以来最严重的旱灾，中国也出现了洪涝灾害，北美洲出现了严重的干旱，而欧洲的气候变得更冷更潮湿。在埃及和美索不达米亚，几个世纪之后聚集的城市群落才得以完全恢复；埃及的中期王国是跟汉谟拉比的巴比伦帝国同时期出现的。

这是跨欧亚大陆贸易互通开始的第一个千年，这种欧亚大陆上不同社会之间的交流虽然并不是直接进行的，不过对人类生活的改变影响深远。这里发生的并不是我们想象的殖民，而是食物文化伴随着农民和中亚牧民的各种互通交流的分享、借鉴还有模仿。很多新出现的可食用植物最初可能是用作仪式、庆典或者医疗，比如说中国的高粱和小米，还有从欧亚大陆由东向西（也就是说跨过了帕米尔山脉这个分界线）传播的荞麦。众所周知的西南亚的驯化物种（小麦、大麦、牛和羊）和制铜的冶金术则向反方向传播。小米、火麻、桃子、杏，还有东亚的大米传播到了印度；印度的芝麻很可能也传播到了美索不达米亚；牛也在印度南部的德干高原（Deccan Plateau）出现。这个高原上的居民一开始并没有需要施肥的庄稼，于是他们把焚烧牛粪所得的灰烬洒在地上标记自己的土地。后来这些粪便的灰烬正好为当地的植物提供了肥料，包括绿豆和硬皮豆。而来自长江流域以种植水稻为生的族群和东南亚热带一直到泰国湾地区的文明有所接触和融合。这种种植水稻和养殖猪的生活方式并没有完全抹去之前靠野外采集觅食、捕鱼和栽培蔬菜为生的生活方式，而是在其之上加以融合。

如果说"象形文字千禧年"见证了在美索不达米亚和埃及最早的国家形态的诞生，那么在南美洲则是从第七和第八个千年开始的。这时"小北文明"（Norte Chico）开始在安第斯河谷成长起来，这个文明被洪堡暖流的上涌带来的丰富海洋资源（沙丁鱼和凤尾鱼）所滋养，也被全新世中期的气候转型的另一面——也就是现代厄尔尼诺周期的开始所影响。人口众多、社会阶层分明的内陆城市在有限的耕地上主要种植棉花，提供渔网制作的原料，而海边的村庄住着善于打鱼的村民们。在这些城市里，特别是卡拉尔，坐落着很多壮观的石制金字塔，俯瞰着脚下的广场，并且没有什么防御性的建筑结构——可以说"小北文化"是一种极为追求和平的文化。

这时，西非正在经历一个重大的人口格局的转变。大约在公元前2000年，刚果盆地附近的热带雨林和毒气湿地在干燥的气候下面积大幅萎缩。班图语族养牛，种植甘薯和油棕榈树的农民开始从他们喀麦隆老家向南和向东迁徙。在东非的大湖地区，一种饲养山羊的畜牧文化发展了起来。他们的饭碗是由陶土、火山熔岩和火山浮石制成的。我们很难把澳大利亚多样的文化中微妙而长期的变化浓缩到某个千年，可是很可能就是在"法老千禧年"澳大利亚野狗被引入东亚。由于澳大利亚袋狼和袋獾的灭绝，澳大利亚野狗也受到牵连。在这个千年，澳大利亚正在变得更凉爽更干燥，而且轻便的石制工具变得更为多样，这都意味着那时人口正变得越来越多，而且对资源的利用也在不断深入。

++++

全新世的第九个千年（公元前1700年至公元前700年）——我们称它为"亚述千禧年"，这个千年跟第四个和第八个千年很类似，都在千年的中期经历了发生在欧亚非交叉地带的大灾难。这个千年的第一个世纪或者前几个世纪看起来经历了一段时间的人口数量下降，也确实有一位研究人员提出了一个关于这个千年"生态压抑"的假说，也就是在公元前1700年至公元前700年这整个1 000年期间生态状况是在下滑的。① 曾经改变了世界的富饶之地，美索不达米亚南部那片由洪水冲刷而成的肥沃土壤，由于过度追求农业生产已经变得严重贫瘠；长期无节制的灌溉使土地变得盐碱化，因此只能把原

---

① Sing C. Chew, *World Ecological Degradation: Accumulation, Urbanization, and Deforestation, 3000 B.G.-A.D. 2000* (Walnut Creek, CA: AltaMira, 2001), 61.

先种植的小麦换成更抗盐的大麦（主要是为了获取羊毛）。过度放牧还有上游的森林退化（以做燃料、造船和建造房屋之用）造成水土流失、泥沙淤积和养分缺失。谷物生产锐减，城市也由此衰落。经济中心向北往底格里斯河上游的平原和山丘移动，因为这里的农业生产依靠降雨而非灌溉。在这里形成一个新的大型城市群，它仿佛是一个蓄水池，既提供也消耗了肥沃月湾地区的生态生产力。这里就是中期亚述国家和新亚述国家的故土，这两个国家在这个千年一直存在着。

尽管如此，这个千年的上半叶有很多方面也是上一个千年的延续。经历了早期的收缩之后，在著名的新王国时期的法老的规划下埃及成功重建，这些法老包括哈特谢普苏特女王、单一神论者的异端分子奥克亨那坦以及他的同僚奈费尔提蒂和他的儿子图坦卡门，还有拉姆西斯大帝。贸易的网络向南延伸到非洲之角，埃及从那里获取了没药、乌木、琥珀金，从北边获得了波罗的海琥珀和英吉利的锡。爱琴海文化在克里特岛、基克拉底群岛和伯罗奔尼撒等地繁荣兴旺，其为人所知的有橄榄和葡萄、深蓝的海水和白色的大理石，还有运输油灯、藏红花和斧头的小船。

这个千年中期发生的灾难突如其来。这场灾难发生的原因有一种这样的解释：这个地区有多个中央集权又国际化的宫廷经济，它们之间相互依赖程度很高，因此某个贸易通路其中一个环节的崩溃会带来一系列的连锁反应。[①] 旱灾还有多发的地震有可能触发了这个连锁反应，而外来的入侵者（那些神秘的

---

① Eric H. Cline, *1177 B.C.*: *The Year Civilization Collapsed* (Princeton, NJ: Prin eton University Press, 2014).

海上民族）和土生土长的军队最终带来了最大的破坏。大约在公元前 1200 年，不到一代人的时间内，从希腊到底格里斯河之间的城市群完全被烧毁或者抛弃，只有埃及的城市依然健在，尽管情况大不如前。在这场危机发生以后，贸易网络一点点地被重构，特别是腓尼基人建立的跨地中海的网络和城市的重建——直到亚述人再次控制此地区并依此向外扩张。《圣经》中关于大卫和所罗门王国之间历史描述的争议就发生在这个千年最后那三分之一段。

在这个千年中第一个大型的中国国家形态出现了。长江流域的一个富饶城市制作了青铜的雕像；中国北部的平原上出现了一个发源于龙山文化、种植小米的国家形态——商朝和西周，它们在有一定传奇色彩的夏朝之后出现，因为它们在竹简和甲骨上留下了丰富的文字记录而更为人所知。商朝的社会结构似乎也包括了祖先崇拜、亲族忠诚和权力的严格分层，而周朝的政体显得更加理性，并有封建社会的形态。在中非发现制铁加工工艺，这项技术很有可能是在那里独立发明的，而不是从北部国家传播而来的。美索不达米亚独有的文化复杂形态是从奥尔梅克的酋长国和其周边的社会中发展而来的，它们有陶制的金字塔、奇形怪状的雕塑（它们的头部是用玄武岩雕琢而成的），代表着水和玉米（最常见的驯化食物）的各类抽象图形。而当时迁往台湾的南岛语族的人们后来又殖民了菲律宾和印度尼西亚的部分地区，现在他们和他们随行的狗、鸡和猪成了除蝙蝠以外首先到达所罗门群岛以东的哺乳动物。这些定居者从一个岛屿向另外一个岛屿前进，到了美拉尼西亚、米罗尼西亚和波利尼西亚。跟随着一大群还未被捕捉的海洋生物和无翼鸟的足迹，他们最远向东抵达了汤加（Tonga）和萨摩亚（Samoa）。

++++

很明显，第十个千年应该被称为"古典千禧年"（公元前700年至公元300年）。在地中海的北部湾，这个千年开始的时间几乎和罗马建立的那个神秘日期相吻合，也和出现最早城市定居点的证据的时间相吻合。《伊利亚特》和《奥德赛》就是在这个时期被创作的。伯里克利斯雅典的黄金时期就发生在这个千年的第三个世纪；罗马共和国在第七个世纪的时候变成帝国，正好在耶稣出生前那一段时间。在欧亚非大陆的腹地，军事、交通、政治和水流治理技术使这个地区的迥然不同的社会越来越可能发展成城市间的联盟，连接的地区包括撒哈拉、中亚的大草原，还有南亚的季风区。这个地区接连不断的王朝更迭可能是世界性帝国体系的某种前身，这一切始于发生在这个千年的第一个世纪新亚述王朝的崩解。紧接着一个范围更大的帝国出现了，也就是阿切曼尼（Achaemenids）的古典波斯帝国。而后的两个世纪内一系列的辖地公国（Satrapies）——有些是城市而有些还是游牧的形态——被位于伊朗高原西南地区构成多元的朝廷所管辖。

发达的皇家道路网络贯穿整个波斯帝国，皇家信使的驿马在这些马路上奔驰传递着信息。在这个千年的第六个世纪，中国开始和波斯接触，这个道路网络就成了丝绸之路的西段。在这个时期的前半部分，中国一直在经历社会动荡，遭到很多破坏，直到暴戾的秦始皇统一中国才稳定下来——也就是那位后来填埋了很多兵马俑作为陪葬的帝王。中国的统一为后来儒家思想的发展和技术发达的汉朝黄金时期铺平了道路。汉朝的使团往西行进发现了一系列相对松散的地方公国，它们都在帕提亚王国的管辖之下；那时，亚历山大大帝的攻伐触发了阿切曼尼帝国的崩解。肥沃月湾自身也在这个千年的第六个世纪分裂成了敌对的罗马和帕提亚帝国，而幼发拉底河成了双方敌对的最前线。越来越多的运输车队向西行进，从中国带来了丝绸、珍珠，还有印度的钢铁，又带回了西班牙黄金、银锭、马、香水、水果和红酒。哲学思想的传播也是双向的。这个千年的上半叶是雅斯贝尔斯（Karl Jaspers）所说的"轴心时代"（"Axial Age"），也是孔子、老子、佛陀，或许也包括琐罗亚斯德、耶利米和柏拉图生活的时代。

这个千年的早期出现了又一轮的气候干燥，这就打通了中非热带雨林沿着海岸和僧伽河的道路。班图农民跨过了赤道向南部扩散。当他们到达大湖区的时候，一种混合的文化诞生了——西非的牛和甘薯，东非已经被驯化了的高粱和龙爪稷，还有当地的制铁工艺。这种文化在这个时期末也快速地向南传播到了海角，同时吸纳并取代了沿路的狩猎采集型社会，大面积的森林被砍伐了。同时，阿克苏姆帝国也把非洲的东南沿海纳入欧亚非交叉路的经济和生态框架中。阿克苏姆，也就是古代的埃塞俄比亚，是这个千禧年早期建立的一个受阿拉伯文化影响的王国（达默特王国）的继承者。在尼罗河上游长期存在的城市文化中来说，这个帝国跟它之前的王国相比似乎更根植于本地。阿克苏人控制了类似丝绸之路西段那样的海洋贸易通路，也就是地中海和印度之间的红海商船运输通路。他们的国王都埋葬在了高耸的花岗岩石柱之下。

在日本，定居的狩猎采集为主的绳文文化存活过了整个全新世时期。在第七个千禧年（也就是"象形文字千禧年"），他们的陶土雕刻工艺曾经辉煌一时；那时鲑鱼和培育过的野生花园支撑了不断增多的人口。在"古典千禧年"的中期的时候,朝鲜弥生时代的农民突然顶替了绳文文化。他们首先到达南部地区,并在两三个世纪的时间内到达本州的北部。弥生农民基本上以种植水稻为主,除此之外也种植西亚的小麦和大麦。阿登纳文化(Adena)和霍普韦尔文化(Hopewell)在北美洲东部的林地地区——也就是处于大西洋和中央平原之间的落叶林地区繁荣兴盛。到了第八个千年(或者说"法老千禧年"),向日葵、假苍耳、藜属植物都被驯化了,陶器也已经被制造出来,培育食物的增长更加迅速,人口也在不断增长,人们依然捕猎兔子和鹿。相距遥远的部落之间交换黑曜石、铜和贝壳,这意味着不同的文化之间基本上是一种和平相处的状态,尽管这些文化中的社会阶层不断分化。木制的集体墓穴和有几何图形的土木建筑为亡灵而建。

++++

第十一个千年(公元300年到公元1300年)恐怕需要一个组合名字才合理,这个名字听起来有点笨拙,不过我们暂且叫它"拜占庭-伊斯兰千禧年"吧。在公元330年,君士坦丁堡建城,成为罗马世界的第二个首都。拜占庭帝国维持着对东地中海滨海地区长达几个世纪的控制,直到这个千年的末期,在经历了长期的衰落之后才最终瓦解。然而,在这个时期的后三分之二时间内,旧世界的中心被纳入从阿拉伯半岛上滋养出的伊斯兰文明中。穆罕默德在这个时期的第四个世纪布道,到那个世纪末,位于大马士革以实用主义著称的倭马亚王朝(Umayyad)已经从萨珊波斯人(Sasanian Persians)手中成功夺取权柄,成为北非和伊朗高原核心地区的统治者。哲学和科学的光辉转移到了阿巴斯哈里发控制下的巴格达。在这个千禧年最后三分之一的时间里,伊斯兰世界由松散堆积而成的多个独立王国组成，跟阿契美尼德帝国相比幅员更加辽阔。伊斯兰世界促进了伊比利亚半岛、中亚、印度的文明，还有临近印度洋的非洲文明（包括在这个时期的后半叶开始兴盛的斯瓦希里海洋文明——一个班图语族、信仰伊斯兰教的文明）在商品、学术和技术方面的交融。斯瓦希里海岸的班图人、阿拉伯人和波斯商人用非洲黄金、龙涎香、象牙和奴隶换取陶瓷、铁器皿和印度的纺织品，组成印度洋贸易体系的西部侧翼。

在东边，这个千年的第三个世纪之前中国一直处在分裂的状态。然而，在这个时期的前半段，一个新型的跨国文化商业系统出现了，它的中心是统一了中国的唐朝，这个系统一直深入到干燥的亚洲内陆平原。银子、糖、胡椒，还有其他的香料，包括马和玉石都从南方和周边一圈新兴的拥有货币的国家往中部流动，而中国向这些国家输出了丝绸、陶瓷，还有金属加工制品。这个千年的第七个世纪（还有第九个），高棉帝国曾繁荣发展，它处于热带东南亚的中心，有着布满庙宇的高山和复杂的水利网络。这个千年的第八个世纪，中国的经济发展达到了世界上前所未有的高度。尽管跟之前的王朝相比规模较小，可是宋朝比唐朝更富裕，城市也更发达。

南岛民族的开拓者向世界所剩无几的无人居住的陆地块挺进，他们跨越太平洋，来到复活节岛、夏威夷和新西兰定居（在那儿，他们迅速将骇鸟和很多其他的鸟类赶尽杀绝）；有些则穿越印度洋到达马达加斯加，给当地的小型河马、大型狐猴，还有重达半吨的隆鸟带来了巨大的灾难。在这个千年的最后阶段，北大西洋出现了一次气温的小幅上扬，助长了欧洲半岛的经济，催生了一系列的侵略者（十字军）对拜占庭和伊斯兰世界西边地区的掠夺和入侵。剧变更在其后。在第十一个千年的最后一个世纪，欧亚大陆正在经历着蒙古人的四处征伐掠夺。在这个千年行将结束之际，那个忧郁而自负的宋朝落入忽必烈的手中，中亚草原上的游牧民族也成了四个贪婪却又多民族的可汗国的统治者。这个蒙古帝国从喀尔巴阡山脉一直延伸到中国南海，向下延伸至美索不达米亚。

这个千年正好跟中美洲历史中的古典时期和后古典时期相契合，跟拜占庭时期也遥相呼应。在这个千年开始的时候，特奥蒂瓦坎这个世界性的城市正要达到其最辉煌的时刻，网格式的街道中住着 8 万个居民，包围着一条宏伟的入城道路，阶梯金字塔沿线而建。这座城市在公元 550 年崩溃。而在不久之后，墨西哥湾之南，玛雅文明达到其辉煌的巅峰。一次史无前例的大旱灾催生了环境灾难，一系列高度发达而又互相之间充满纷争的王国逐渐衰落，南部的腹地也因此人口骤减。而只有玛雅北部的中枢地带，齐琴伊察城邦的朝圣中心一直到这个千年的末尾依然保留着它的辉煌。一个极具特色的中美洲文化综合体覆盖了这个地理、时间和政治上不尽相同的地区：玉米、豆类、南瓜，还有火鸡；大量的文字作品，特别是历法的制作；羽毛、黄金、巧克力，还有向国王和神灵的活人献祭；有仪式意味的球类运动广场。中美洲的农业向北传播支持了北美洲西南部的普韦布洛（Pueblo）社会发展。这个千年过了三分之二的时候，这里的社会发展到了最辉煌的时刻，查克大峡谷的沙漠中出现了坚固而恢宏的木制房屋和庙宇。美洲西北部太平洋沿岸出现了一个独特的发达狩猎采集型社会，那里大型的鲑鱼鱼群、捕鲸活动，还有北美香杉和铁山林出产的果实都维持了这个高度等级化的社会。

++++

全新世的第十二个千年，也是最后那个千年（始自公元1300年），最合适的名字应该是"哥伦布千禧年"。第一个世纪出现了黑死病大灾。恐慌从中国开始，蔓延到蒙古的金帐汗国，然后沿着战火南向波斯，西向欧洲蔓延。仅这一波黑死病就使其波及地区的人口减少了三分之一。蒙古的可汗国四分五裂；中国的民众起义建立了一个中央集权，不过也越来越运转不灵的明王朝。这个千年的第二个世纪，由多民族地方国王组成的奥斯曼帝国夺取了腐朽的拜占庭帝国的政权，然后自封为罗马恺撒的合法继承人。他们接着统一了君士坦丁堡和埃及，还有曾经的肥沃月湾地区。① 横跨撒哈拉的贸易继续维持着富裕的西非伊斯兰帝国的运转，同时斯瓦希里海岸的商贸发展开始在内陆南部产生了回响：大津巴布韦城邦中耸立的石制宫殿反映了其掌握着这个地区黄金、象牙、铜、盐向海港的运输。在中美洲，阿兹特克王国展开了一项帝国扩张计划，这项计划的蓝图来自让人叹为观止的特诺奇提兰城——这个新城市修建在一个湖中的人工岛上，城里布满了庙宇和宫殿。安第斯山脉的印加王朝建立得甚至更晚一点，精美的首都库斯科更令人惊叹，这个城市俯瞰着从北到南绵延5 000多公里的帝国领土，因此也需要更多的劳力才能修建成贯通这个帝国的道路。

这个千年的两世纪以后，我之前描述的全新世末期的事件

---

① Edmund Burke III, "The transformation of the Middle Eastern environment, 1500 B. C. E. -2000 C. E." (in *The Environment and World History*, ed. Edmund Burke III and Kenneth Pomeranz [Berkeley: University of California Press, 2009], 81-117) 评估了全新世时期欧亚非大陆腹地向人类世转型期间的相对的衰落。

开始出现。欧洲的列强获知了美洲大陆，而且几乎在同时，葡萄牙开拓了他们绕过好望角通往印度洋的航海路线。欧洲一直都在欧亚非商贸体系中的边缘，并且它仍慢慢地从受到瘟疫和气候灾难重创的封建经济危机中恢复元气。可是地理上的扩张给予了精英统治阶级通过不断的资本积累而重获在世界上的经济地位的机会，而欧洲半岛的所在被证明是利用海风航海的极佳位置。因而，资本主义的演化刺激了欧洲最发达的地域性国家开始一波又一波向海外侵略的浪潮，这波浪潮由葡萄牙和卡斯提尔引领，资金充足的贸易中心城市（热那亚、威尼斯、佛罗伦萨和安特卫普）也提供了资金上的合作。

海上曾经有很多的侵略者，也曾经有很多繁忙的贸易通路。可是，新旧世界的分割也是造就全新世格局的重要原因，因为自从白令陆桥淹没后就几乎没有什么生物穿越过去（除了少数海豹、少数维京海盗、一些勇敢的候鸟，还有维系着白令海峡两岸复杂弥散的文化综合体的一些交易人）。这时，欧洲人所目睹的社会生态融合的规模跟这个世代其他时间相比都完全不同。天花病毒、流感、麻疹、百日咳、斑疹、伤寒都促进了美洲大陆的人口替代，这种规模在美洲大陆迄今为止都未被超越。阿兹特克帝国在1521年落入西班牙手中，印加帝国的沦陷发生在1533年。新世界资源储量的异常丰富开始慢慢颠覆旧世界的权力平衡。新一轮的生态巨变由此而生，并且这种剧变在接下来的世纪中持续加速。这种在生产、消费和能量流动的转变把全新世改变成了另外的样子：这就是正在发生的人类世的降生。

++++

关注现代环境危机的作者经常强调全新世的相对稳定性，

把它描绘成一个文明可以繁荣进步的安全空间。在这个纵览中，我反而试图去关注全新世全景下的可变性，还有人类和非人类自公元前 9700 年以来所经历的不可预测的曲折迂回的变化。如果说全新世是一成不变的话，抑或说这个时期历史的进程都是沿着某一个线路行进的话，那么现代人类宏大的理想和辛苦的工作引入一个变量，或者说改变了地球发展的轨迹，也就没那么奇怪了。人类世之所以不同寻常是因为跟之前 1.1 万年里发生的最不可思议的事件相比，从规模上讲，现今正发生的变化跟它们不在同一个量级上。全新世气候、生态的重构和种种奇怪的景象都是硬币的其中一面：西伯利亚岛上捕猎猛犸象的猎人，填满湖水的大草原硬化成撒哈拉沙漠，还有村落中通向街道的暗门并在居所地下埋有祖先尸体，朝鲜的殖民者利用来自遥远亚洲的几袋小麦便征服了日本；而硬币的另一面就是核试验和 20 世纪万花筒一般的物种入侵。

全新世的年代构成

全新世这个世代在现在的国际地质年代表中是作为一个独立的区块存在的。可是人类世的引入并不是地质时间表中最上面那一部分唯一的改变。正处于结束阶段的全新世有可能被正式地再分期。在地质学领域之外，第二个提议得到的关注比第一个要少得多。在地质学领域内部，这两种对时间表修正的论争很大程度上是相互隔离开来的。这两种趋势都挺令人惋惜的。把人类世正式纳入时间表，其实最好是把它看成我们宏观思考的一部分，即如何更好地去表述相对近期的环境历史和地球时间中那遥远的过去之间的关系。20 世纪 90 年代发现的在全新世以内出现的快速而且基本上是全球范围内的气候变化（当然，跟更新世相比规模是小了很多，不过足以给生态和人类的社群造成严重的影响）帮助地层学的研究开启了一个新的疆域。学者现在认可的在这个间冰期的改变可能很快就会在国际地质年代表中有所体现。

决定更新世和全新世边界的"金钉子"在2008年才被正式确立。2012年，国际地层学委员会工作小组首次提出把全新世分割成三个地质期①。这个工作小组指出，在很多已有的学术文章中，出现大量关于全新世的"早期""中期""晚期"的提法，还描述了每一篇文章中对于这些术语的不同界定，并且指出了这种术语的使用可能带来的不便和混淆。他们也指出，学者能够越来越准确地确定全新世里各大事件发生的日期，而且他们也越来越成功地找出世界范围内各类事件发生时间的相关性。他们说道，把全新世分割成几个地层期，这个做法虽未正式确立但早已深入人心，是时候该解决这个术语的问题了。如此，研究人员之间的交流就能更加清晰和准确。

全新世的工作小组对于下一步怎么走勾勒了一个框架。全新世的早期和中期的正式边界应该是在这个时期的第四个千年，也就是我说的"大洪水千禧年"。具体的分界线就是"8.2千年事件"，也就是阿加西湖水倒灌进入哈得逊湾，以及世界性的气候异常对约旦峡谷附近社会造成破坏的时候。"金钉子"来自确认更新世和全新世边界的同一个冰芯。在这个冰芯中确

---

① M. J. C. Walker et al. , "Formal subdivision of the Holocene Series/Epoch: A discussion paper by a Working Group of INTNMATE (Integration of ice-core, marine and terrestrial records) and the Subcommission on Quaternary Stratigraphy (International Commission on Stratigraphy)," *Journal of Quaternary Science* 27, no. 7 (2012): 649–659.

定全新世诞生的冰层之上 260 米的地方，呈现出一个强烈的降温信号（由较重和较轻的氧同位素的比例变化所体现），这是由于洪水阻断了北向的北大西洋暖流。第二个边界是介于全新世中期和晚期，这个边界会被定于第八个千年，也就是"法老千禧年"。全新世晚期开始于"4.2 千年事件"，也就是在公元前 2200 年左右低纬度和中纬度地区降雨规律消失，它似乎也是阿卡德帝国和埃及古国王崩溃的始作俑者。确立这个边界的"金钉子"是一块方解石石笋，深埋在印度东北部潮湿高地的一个洞穴中。那里氧同位素的比例变化反映了一个长达几个世纪季风降雨离场的开始，它的离场所造成的影响可能包括发生在美索不达米亚和埃及黑暗时期开始之后印度河文明的解体。

如果全新世工作小组和人类世学者提出的各项提议都被地质学专家接受的话，而且如果（仅从学理上讲）后者选取的"金钉子"是全球钚-239 落尘信号的出现，那么乍一看我们所做的好像是一种奇怪的包装世界历史的路数。国际地质年代表上最后的时间区间就是一个被称为全新世晚期的地质期了。这个时期从公元前 2200 年开始，一直到公元 1952 年——自埃及古王国的崩塌到埃及最后一个国王——英国总督法鲁克——下台。换句话说，这个时期比楔形文字和斯芬克斯都要年轻。间冰期有革新性的"象形文字千年"（第七个千年）属于上一个地质期，也就是全新世中期，它的开端是北海吞噬了多格兰岛，也就是欧洲狩猎采集人口的生活腹地。

国际地层学委员会工作小组绝对不是沉滓一气。全新世工作小组的主席恰巧就是地层学人类世的反对者。把全新世再次分割要比确立一个人类世更合乎常理，也没有争议性（而且这样就不会引起那么多的焦虑情绪，有一部分原因是全新世可能的"金钉子"基于人类无法控制的气候变化本身)。然而,并不是说分割全新世就不具有争议并且合乎常理。全新世工作小组跟研究人类世的工作小组其实非常类似,相比跨度为好几百万年的大部分地质学研究,他们所研究的时间跨度要短得多。全新世工作小组在确定这些变化的日期时,希望可以精准到10年,这点与人类世学者追求达到的以年为单位的标准也相差不远。也就是说,这两个小组几乎都是踩着地层学科学的界限进行研究。两个工作组另外一个重合的点是,对全新世环境的解读一直都是在人类与非人类主体之间自由地游走。对过去1.2万年间气候、土壤和生物多样性的研究反映出,地质学和考古学之间的界限经常被跨越——如果说还有这个界限存在的话。简要地说,全新世的再次分期对于人类世来说意义重大,因为它给人类世提供了一座通向深层时间的桥梁。一个地质期仅有60年之久且主要是由人类一手炮制,如果说在这之前已经有三个地质期且每一个都大概持续了4000年的话,那么前者也就显得没那么令人难以接受了。

人类世的热核炸弹、标志着全新世晚期开始的季风降雨的异常、冰纪时期使地球看起来像个大雪球的怪异地壳构造板块组合——这种种现象在地层学家制作表格的时候很快会被一视同仁。一个新的断代体系,与早前的石器、青铜器、铁器时代浪漫而有目的性的断代体系相平行,并且更具整体性,可能很快就会有学术权威的支持。在更新世的塔伦特时代(尽管它还缺少全球标准层形标准和点位,不过它是由全新世之前最后的间冰期和之后的冰川期组成)之后,紧接着就是全新世的早期、中期和晚期,然后是新诞生的人类世。

国际地质年代表最接近表面的边界线标志着全新世晚期和

全新世的长期危机。回头看，我们无疑可以在我所说的"耕地千禧年"期间培育的二粒小麦中看到人类世的萌芽。全新世和人类世之间并没有完全绝对的分界线，在出现转变期达到质变之前，总有一个长期的高压阶段。在此基础上，我们就可以辨认出，世界上的两个陆地群开始有大规模的生物互动时就是转变期开始的时间节点。从地质学上来讲，过去5个世纪的全球化秩序可以被看作全新世的末期。资本主义现代性是一个看起来很奇怪的地质现象，可是它却异常真实——要记住，生命本身跟其他事物一样都是一种地质能量。1952年至1980年钚尘埃的峰值可以看成全新世向人类世转变中危机的提喻。这次高峰值不可避免地出现在珊瑚核、冰盖，还有火山湖的沉积层之中，这又给向第三十九个显生宙时代的过渡提供了一种标记方式。这是理解地球历史跨度的新型地质学方法的基石，在这其中智人起着极大的作用。

人类世的新世界并不比全新世的旧世界"自然"多少。对于一个利益中立的观察者来说，他可能并不关心飓风、藻花，或者人类是否在未来的几十年会变得繁盛，也就不会觉得有必要做出任何一种选择。然而，对于那些依然执着于全新世的人们来说，那些对这个濒死的世代里的成就和困难有种难以割舍的情愫的人们来说，公元前9700年是深层时间的版图中唯一一个重要的节点。从那时起，所有第一次发生的事情，也是吉甲种植了无花果树树枝，纳提夫·哈格杜德（Netiv Hagdud）的田地播种了小扁豆之后第一次发生的事情。

结论　时光未曾消逝

最后还需要考量的事情是地层学视角的人类世以及全新世消亡这个主题对现今环境政治的影响和后果。对待这个问题，保持谨慎的态度异常重要。从人类世的概念本身出发可能无法直接推断出一个详尽的政治行动纲领，不过我还是愿意相信向这个方向前进的可能性，哪怕是一小步。接下来请允许我斗胆给出一些建议。人类世提供了一种理解现代生态灾难的框架，而不是提供一种解决方案。它是一个看问题的视角，并非是某种宣言。具体讲，这个概念最强烈的反对者高估了人类世所蕴含的变革某些政策的积极性（比如说地质工程、由技术官僚掌权，或者倾向于设立动物园而非荒野保护区等议题），而大多数发生在欧美的环境运动都对这些政策持反对态度。另一方面，这些人忽略了人类世可以介入并挑战环保主义中一些最根本概念的可能性。正如唐·麦凯所言，这个新的"世"为有环保意识的公民提供了崭新的审视自己的视角，他们可以把自己当成"深度时间中的一员，正像三叶虫和埃迪卡拉动物群"，是"不断发展的地球的一种表现方式"。人类世最直接的政治效果就是把那些有环保意识的公民却又不是古生物学、进化生物学或者其他深度时间方面专家的人们纳入了讨论的空间。人类世给予他们一个审视迂回曲折的地球历史的立足点，这样，人们就有一个全方位理解环境灾难的机会。

迄今为止，关于人类世的讨论有一个主要的缺陷，那就是，地层学视角的人类世几经周折才得以确立，但人们却又很快将其抛弃。换句话说，很多作者更专注于人类世之后的事情。严肃看待地球历史意味着我们要彻头彻尾地改变我们的态度，这意味着接受人处于地质年代中的切切实实的位置。我们的世界正处于全新世向人类世转变期，对环保主义积极分子来说，如何面对这种转变已经是一个艰巨的课题了。

现在我们思考一下"接下来的七代人"这个内涵广为人知的道德共同体——我们通常认为其源于美洲原住民思想家。我之前称之为"全新世末尾事件"，或者说旧的"世"混合着新生的"世"诞生的阵痛，必定会以某种方式在这个共同体中持续发生。（又有谁会真的相信在七代人的时间内全球文明最终能达到一种愉悦的平衡并保持不变呢？）认识到这一点，我们也就看到了环保主义的一个新的目的——并不是从全新世的危机中逃离出来，然后进入一个永恒"可持续的"世界，并由此从地球历史中解放出来；而是有着更加迫切，也更加严肃的含义：在危机中生存，并通过为复杂、多元生态系统的存续奋斗，并以此影响这个危机的发展进程。借用威廉·福克纳的话说：过去并未死亡。时光未曾消逝。

话虽如此，人类世在政治方面的用途首先能想到的一个异常简单的策略——它可以是一个"休克"的策略，地球的变化已经大到开启了一个新的地质时代。这个说法强调的是近期我们对生存环境所造成破坏的规模。人类世在此所扮演的角色不应该被轻易地抛之脑后。一个有科学根据并且单靠自己就足以表达现代生态问题迫切性的一个词，这样的词并不多余。即便这个术语存在的仅有的目的是在绿色运动的词汇表中添加一个新的术语，这也很有价值。然而，这个词这么用的时候也有一些问题。第一个问题可以称为大卫·布劳尔综合征：这样做有一定的风险，就是听起来仿佛地球系统中出现的变化是不正常的，因此把地球历史拆解成简单对立的"古老自然的静态"和"现代人类的堕落"。第二个问题来自这个新的"世"的命名本身："人类世"这个命名本身自带一种焕然一新、与众不同的能量，但是也容易给我们带来一种错觉，让我们觉得"我们人类"对环境灾难负有同等的责任，也让我们觉得现代世界已经被"我们"这个集体的力量玩弄于股掌间，任凭我们的意愿控制和摆布。然而，认为"人类世"必然和那种"退化观"世界观一脉相承，这样的看法是错误的。使用这个词的有争议的用法来进一步强调地球上的生命系统所受到威胁的急迫性无可厚非。

并且，这个术语显然除了吸引公众的眼球以外还有很多其他的功用。人类世工作小组中的研究人员常常表示，对人类世地层学基础的评定将能加深我们对环境变化的理解。欲达此目的，就应将现在的危机置于地质年代的语境之中，就像我在本书第四、五章试图去做的那样。深度时间的地图上有着各类地标，跟现今联系最密切的是公元前 9700 这个时间点，也就是最后一次冰川期的结束和全新世的开端。自那时起，全球气温基本上处在 1 摄氏度的波动范围内，人类人口数量增长了 1 000 倍，狩猎采集以外的生存方式首次出现。如果说农业社会形态的出现造就了更多的受害者，而不是受益者，他们还是逐渐为世界上人民大众的解放提供了一条出路。詹姆斯·汉森和佐藤真纪子所描绘的"异常稳定的气候"正是人类文明得以整体存在的前提。

人类世的诞生意味着我们星球的生态正在偏离时间长达1.2万年相对可靠性。这种可靠性仅仅是相对的，而不是绝对的。早期的地质记录也显示地球有着发生系统性突变的强烈倾向。正因如此，如果不把近期的"世"置于显生宙的漫长叙述中，或者没意识到全新世自身复杂的多变性，我们就无法很好地理解这个"全新世—人类世"的二分体。可是尽管有这些前提条件，这么说一点也不言过其实：担心地球现在的状态最好的原因是，维持着复杂社会存在了一整个世的生态结构正在趋向终结。

从地层学的角度看，自15世纪以来的资本主义全球化可以看作跨越了两个地质年代。如果不是二氧化碳含量升高到了300万年未有的水平，从地质学视角去考量全球资本主义可能听起来像天方夜谭——多亏有这样的几百万年或者说几万年一见的地球扰动，深度时间被政治化了。把这个"世"级别转换的开始时间点定在15世纪并不是说资本主义的发展必然导致全新世的结束。事实远非如此。事实是，一系列偶然的因素才导致地球系统如此剧变。全新世的结束可以说是从欧亚非大陆和美洲大陆的相连接开始的，这项工程碰巧是一些新兴的资本主义国家促成的，这些资本主义国家同时也连接了大西洋和印度洋。出于种种原因，这个"世"瓦解的程度不断加深：不同人口间的碰撞、薪资的结构、采矿技术、国家权力、消费习惯，还有引发了工业革命的新世界奴隶制农业经济输入。第三个主要阶段则包括美国霸权的形成、绿色革命农业、福特式的生产与消费、便宜的汽油，还有人口暴增，这些因素合在一起构成"大加速"（"Great Acceleration"）。

这个"世"之间的多阶段转变需要一个符号，这个象征符号能拿出来代表整个复杂的进程。1952年至1980年之间世界范围内钚同位素的异常可以作为一个很有说服力的候选项，那么我们把人类世的下限定在1952年也就合情合理了——这一年发生了纳赛尔政变、茅茅党起义，还有"常春藤行动中"的"迈克"核试爆。选择了一个近期的"金钉子"并未削弱全新世末期的危机的重要性；相反，它强调的是要有很多不同的能量之间产生交集才可以合力引发地球系统中百万年一次的变化，这个变化在世界范围内沉积岩的堆积中都有所记录，这个记录跟全新世和更新世的记录有显而易见的不同。

把正式的分界线定在1952年这个距离现在这么近的时间点上，也强调了"世"之间宏观上的转变还远远没有结束。全新世末尾事件还在持续进行。迄今为止，围绕人类世的论争最让人不满意的地方是关于其不久的将来。翻来覆去的讨论主要集中在是否有一个"好的人类世"存在，并且有这么一种普遍倾向，就是现在版本的人类世之后又会是什么样的。是否存在一个"世"的最后阶段，社会采取一套新的价值观，并且人们以"可持续发展"的方式使用自然资源？或者出现一个新的"世"，气候变化失控，人口数量锐减？又或进入一个新的"世"（"可持续发展世"？），在其中地质工程和跨国的民主制度会保持地球系统永远稳定？那个时髦的"后人类世"呢？总体而言，这种对未来的预测缺少关于社会变化系统理论的根基。① 可是这个弱点也仅在诸多环保思潮都耳熟能详的问题中有所体现,这个问题的一个升级版本是:无法有理有据解释如何从此到彼,从慢性的环境退化到一个可持续发展的世界。

其最主要的问题在于对"可持续性"的期许——很多现今的环保主义,特别是以各类环保机构形态存在的环保主义,都依存于这个概念。这个议程基于生态学上"发展的局限"的论点(这是最近重新流行起来的观点,被包装成关怀"星球边界"的一个政策框架,并被不少知名的人类世理论家欣然接受)的调和意味明显没那么强烈,不过它也有其消极的一面。

反对把"可持续性"当成最终目标的激进观点存在已久,其认为这个概念并没有推进任何积极的民主议程,只不过心怀好意发出倡议,觉得世界上的自然资源丰富的状态应该长期保持不变,并且把它作为一个原则一厢情愿地鼓吹。在理想的状况下,这个原则并未得到很好的界定,它可能被主流的资本主义制度据为己用。照常进行的一切也可充作"可持续发展",而绿色政治被简化成对过去病态无力地黏着,依靠一种"未遭破坏的自然,和谐而又永恒"田园憧憬的幻觉而存活。而最糟糕的情形是,这个概念甚至不需要被挪作他用,因为可持续性本身就是坦然维护这样一种现状:一种管理上的追求效率的原则,目的是确保资本持续积累所需的自然资源流动正常运行。这种批判并不总是公平的(可持续性并不只有一种内涵,这个跟人类世一样)。可通常来说,可持续性的确被当成另一种美

---

① 有一些例外值得指出,最明显的是 Peter Haft 的文章,请参阅:"Technology as a geological phenomenon: Implications for human well-being," in *A Stratigraphical Basis for the Anthropocene*, ed. C. N. Waters et al. (London: Geological Society, 2014), 301–309.

化过的原则,这个原则就是无法消除的"发展的局限"。

对安德鲁·多布森(Andrew Dobson)等资产阶级"生态主义"的资深理论家而言,"发展的局限"这个论调构成一种"基本框架",这个框架联合了所有的绿色思潮,并与非环保主义的主流价值观相区分。这个论点的现代版本在1967年至1974年间布莱顿森林体系解体之际变得明晰起来。这个体系的崩溃被称为"能源危机"和"石油危机",也与此有一定关系。① "发展的局限"原则认为绿色政治必须要尊重地球本身的承载量,并且要把避免自然系统和缓冲区的过度消耗作为首要考虑的事情。可是,"发展的局限"是通过经济和生态关系而形成的(通过如何使用资源的决定,以及在榨取资源时可以在哪些方面做出补偿),而不是将星球物质现实这种既成事实强加在经济之上。即便这样,在一个有限的地球上要有无限的消费增长也确实是不可能。然而这也意味着,虽然我们指出了生物物理学上的发展限制,但这并不能替代我们对现实中形成的这些限制关系进行的分析。

推广可持续性和发展限制环保论的环保主义者们认为他们坚信的教条跟非环保主义的"灰色"政治有很大区分,因为他们更加关注人类发展在空间上的局限。对于他们来讲,好的生活仰赖的是和非人世界中有限容量的和解。可是他们接受空间限制的方式是对想象时间限制的让步。如果我们小心翼翼,尽量不去触及发展限制,我们可持续的生活方式似乎看起来可以一直持续下去。所以说,我们谈可持续性和稳态经济也就是用

---

① Andrew Dobson, *Green Political Thought*, 4th ed. (Abingdon, U. K.: Routledge, 2007); Timothy Mitchell, *Carbon Democracy: Political Power in the Age of Oil* (London: Verso, 2013).

放之四海皆准的抽象概念讨论问题,就是陷入一种"稳定现状"的浪漫情愫之中。

人类世的政治提供了一些不同的东西。人类世为绿色政治提供了另一个源头,一种可以挑战"可持续性"逻辑的概念体系。人类世诞生的一个政治上的视角应该是从包围着它的生态系统的整个时空现实开始的。这种政治从现在生态危机特定的矛盾中产生出来,从全新世向人类世的转变过程之中产生出来。这也是关于人类世的争论总是在担心接下来会发生什么的原因:既然人类世的开端已发生也已结束,接下来是走向可持续性的未来,还是末世般的未来?最好还是跟危机共存,身居其中并且试图改变它。如果我们真把国际地质年代表当回事的话,那么"后人类世"可能就跟宇宙热寂(heat death of the universe)一样天方夜谭了。我们几乎不可能预见这样一个时代,那时人类世会从全新世最后的轨迹里脱离开来。正是出于这种原因,生态政治可以是全新世末尾事件的政治。

如果说环保主义者认为自己致力于打造一个长达好几个世代的两个"世"之间的转型期,并且他们自愿把对全新世的生态丰富性残存的依恋和对人类世的新颖之处的积极回应结合起来,那么他们就需要一套新的词汇去行事。这样,可持续性看起来最多就是一个有着时间性和随机性的目标,而不是绝对的目标。因此,环保主义者需要构建出具有另一套标准的价值观,否则他们将来就可能不得不去接受环境退化,认为这是地球系统扰动不可避免的结果。然而事实上,事态的发展有很多种可能性,并且这场危机混乱的本质意味着"蝴蝶随意扇动一下翅膀"都可能会给最终取代全新世的新世界带来始料不及的影响。我们已经看到人类世可以是一种连接人类和非人类权力关系的思维方式。因此，人类世诞生之时，生态学最恰如其分的概念术语库可能与民主、权力下放、平等主义的词汇表有很多的重合之处。

终结全新世的艰难转型期，我们已经看到生态群落一个接一个的死亡和消逝。它最核心的环境效果是模式格局的碎化，还有对单一权威的服从。森林砍伐殆尽，湿地干涸，河流的大坝修筑、河床疏浚、河流改道以及富营养化，土壤的衰竭、盐化、污染、侵蚀，底拖作业，露天采矿，越来越扩大的随机、饱和种植的单种栽培——在这样的大背景下，为了服务国际资本的榨取性本质，复杂的生态系统变得分散也越来越简化。为了确保这个转型过程公正并且可让人承受，我们所需的是给多类、多元、多中心的生态系统最大化的补偿。泛泛地说，培育形态多样化并且充斥着相互竞争的生物化学通路的生命群落可以缓冲转型期产生的困难。在最发达的公民社会中，不同声音之间的对话越多，它的运行就越好，具有强大复原力的生态系统也是如此。

全新世末尾事件的政治可以致力于保护和培育生态系统中发展起来的复杂性和多样性，并且抵制对于利润自带的榨取能力的服从。因此，人类世并不是人类中心主义式的对资源榨取的一个托词辩护（如有些人类世的反对者害怕的那样）；相反，在人类世诞生之际，当下正在发生的"再荒野化运动"或许可以为民主生态行动提供一个蓝图——如果这个运动的驱动力来自人们对"过程"的关注而非对结果的关注，并且这个运动反对使地形景观维持在某种具体形态，而赞同重建和加强各种

"生态中的动态互动"。① 然而，更广义上来讲，在寻找一条公平度过全新世末尾危机的道路时，这种努力应该从环境学者和环保活动人士已经发出的所有倡议出发，从免耕农业到争取原住民权益的运动，从分布式能源发电到对选举政治的参与出发。可是这些倡议背后的理论必须要持续发展。地层学人类世这个理念意味着让可持续发展让位，并以一个更实用的首要原则取而代之。这项原则就是大力加强差异性和可塑性，而不是为同一性辩护。抵抗全新世末尾事件所带来的扁平化和简单化趋势，我们所能做的只有——为多元的生态而努力。

这就意味着人类世必须朝着为环境运动增添活力，甚至治愈环境运动的方向努力，而不是强加某种制度对其进行矫正。不过，如果说环境保护原则从根本上的转向——从可持续性转向生态多元主义——并没有导致某种实际操作上的重大调整的话，这就很奇怪了。人类世提供了另外一种看待世界的视角，而不是某种预设的日程表，可是如果把冒那罗亚观测站的那则新闻放置于深度时间的语境中，所有的绿色政治策略和原则看起来都会不同。我提出以下四个可能发生的着重点的变化。

第一，要想弄明白人类世，急需一种坚定的全球性视角。这意味着我们要全盘审视整个地球系统，当然还有生产和资源榨取的不平等关系所产生的跨越国界的效应。绿色政治中有一种反消费主义的传统，它与自然保护和生活质量的议题息息相关，发源于发达国家中的富裕人群。这个传统却也是很多人眼中的"环保主义"所指涉的本质。但由于它具有一个全球性视

---

① George Monbiot, *Feral: Rewilding the Land, Sea and Human Life* (London: Penguin, 2014), 83–84.

角，人类世诞生之际的环保主义或许会把重心放在全球大部分地区所正在进行的拥有群众基础的环境正义运动。

这场危机强化而非削弱了贫富差距。在全球备受剥削的南方，出口导向的工业化的社会成本、有毒垃圾的排放处理、公有土地和捕鱼权的私有化这些问题都导致集体的反抗和抵制，这其中常常又不可避免地包含了一种生态的维度。国家官员形成的派系和跨国公司都面临着各种一触即发的挑战，比如在污染、非法砍伐以及大坝修筑等行为上，它们面对着来自反系统化而成立的广泛联盟的阻力。这些联盟接受各方的奉献得以维系，包括小规模农户、渔户、妇女运动、原住民、贫民窟居民，还有其他被掠夺性发展逼得走投无路的人群。这个所谓的穷人的环保主义可能是与人类世的想法不谋而合的一种环保主义。① 这并不是要矮化比如北美洲西部及其国家公园，或者说西德的反核能文化和绿党的选举胜利的功劳，可是对于生态理念最有力的证明地方可能来自其他地方——这些地方的空气和水污染、土壤退化和森林毁坏的代价最为真切。比如说，人们可能会去关注拉丁美洲和中国或者其他地区，比如东南亚的加尔各答、菲律宾、沙赫尔以及组成小岛屿国家联盟的饱经摧残的国家，这些地方在气候变化下最为薄弱。

人们说，全球就是地方。人类世必然是世界主义的，可是它促使我们审视区域性危机之间的相互作用，而不是把这些相互之间的作用力抽象成某种宏观的星球发展轨迹。整体而言，虽然几乎所有人都在某种程度上参与了全新世末尾事件，可是

---

① Gaia Vince 的书 *adventures in the Anthropocene：A Journey to the Heart of the Planet We Made*（London：Chatto and Windus, 2014）卓有成效地把人类世这个主题和对穷人环保主义的翔实报道，还有其不确定的未来联系到了一起。

他们并不是作为一个不加区分的整体参与的；恰恰相反，人们正是通过不同的社群和阶级纳入全球经济的生态矩阵之中的方式参与到这个事件中来。

第二，人类世凸显了人类和非人类动能之间互为推动，以至于所有的社群总是由人际之间（intrahuman）和跨人际之间的（extrahuman）集合所形成的。"人类世"概念的反对者经常指责这个概念本身给人类和自然之间再次强加了二元对立的关系，而且，有些讨论这个新的"世"的学者的确给了这些反对者口实，因为他们在提到"人类架构"对自然生态系统的影响时非常不谨慎。相反，"人类世"的支持者有一个共识，就是这个新的"世"的诞生彰显了人类和自然之间形而上的分野并不存在。话虽如此，光看这个概念的话似乎很难说清楚为什么它这么有新意。（那些书写环境问题的作者们指出人类也是自然的一部分，不是也老调重弹了好几十年了吗？）然而，地层学版本的人类世给这个"旧真理"注入了新的活力。安东尼奥·斯托帕尼和扬·扎拉西耶维奇的那个思维实验启发读者重新构想城市、道路和墓地，把它们作为即将形成的化石组合来看待，这么做能让人清醒地意识到更久远的生态进程早已有人类劳动参与。举一个例子，就像人类世工作小组的成员在论文中所陈述的那样，开采矿山，从根本上讲，只是地质学家所称的"选择性侵蚀"的一个新的形态。

地层学人类世让我们谨防哲学上的笨重的二元对立，同理，它让我们提防政治上丑陋的普世价值论。把人类当成一个不加以区分的整体，并且把这个"整体"作为人类世叙事中虚幻的主角，第一步就是把人类跟自然对立起来，以此作为所有人类的共同之处。而另一种看问题的方式是认定人类世诞生之际发挥关键作用的能量不是人类，而是辩证地交织着人类和其他各类能量的社会。欧洲中石器时代的采集觅食部落是由人、鳗鱼、火石、野猪、榛子和猎狗的互动形成的；北奇科文明是由凤尾鱼、棉花、芦苇，还有人的双手构成的。人类世的理念帮助我们看到了全新世末尾事件中的社群依然是个高度的混合体，其中国家权力和阶级关系黏合胶着，协调着人与非人能量之间的生态关系。

第三，人类世更趋于强调现代性的生物经济的重要性，而非其最具标志性的钢筋水泥的工业化。环境退化并不是什么新的话题，造就的社会压力也不新鲜了。几千年来，密集型农业和以木材为燃料的制造业都催化了生态灾难的形成。我们在第五章看到农业的进化极大地改变了全新世的生物圈。这段历史让我们注意到食物的生产是如何塑造了人类世，同时它也强调了现代的农业、渔业和林业跟发电站和高速公路一样是新生事物，具有同等的革新力。黄澄城的麦田跟厂房一样是人造的。全新世的社群几乎完全被人们的饮食所塑造，因此食物的社会性对人类世来说也同等重要，因为目前农业、林业和土地使用的变化贡献了所有温室气体排放量的四分之一，而农业用地则占据了地球上所有陆地面积的三分之一。即便如此，根据联合国的定义，全球仍有 800 万人饱受饥饿。

未来的地质学家首先注意到人类世可以作为物种迁徙的生物面，在研究其地层之后，他们马上就会对其化石中的花粉组成感到惊愕。反思我们现在正在制造的并且在未来会留存的化石痕迹，我们会更关注现代性对于生物圈的改造，并认识到我们迫切需要重建农业沙漠的某些生态功能——如今这些功能由于化肥和杀虫剂的大量使用正在消失殆尽。因此，"人类世"

这个概念挑战了已成常态的工业化的农业生产。这意味着史密斯菲尔德食品有限公司（Smithfield Foods）和阿彻丹尼尔斯米德兰公司（Archer Daniel Midland）的一贯做法应该像印度尼西亚的棕榈油种植园和孟山都生物技术专利一样，接受环保议题上的质询和批评。农业的商业行为在资本主义世界生态体系中具有核心地位。比如说，美国国家谷物饲料协会（U. S. National Grain and Feed Association）说明，这个协会的会员包含了"商品期货经济经纪人……银行、铁路、驳船公司、谷物交易所、生物科技供应商、工程和设计建筑公司、保险公司、电脑和软件公司以及其他公司"。当然，甚至化石燃料本身也是有机物。人类世诞生之际的重中之重并不是保护传统的有机物工艺学不受高新技术的侵蚀；恰恰相反，应该用非生物能源来取代煤炭、石油和天然气发电。

  关于人类世是如何改变了环境运动重点的四个例子，我们还有最后一个。全球变暖是环境政治中的当务之急，显生宙的故事就很好地解释了为何如此。就像我们在第四章所看到的那样，地球系统状态的变化有着迥异的原因，可是气候效应几乎总在其中。从奥陶纪末期的物种大灭绝到更新世的冰川作用，万物都影响着气候系统，气候也影响着万物。处于这个中心系统核心地位的是地球上的生物地球化学的循环范式：碳循环。碳构建了整个生物圈，它穿透海洋、沉积物和大气层，在大气层这个阶段决定性地反映了地球表面能量的量级和分布。现代的全球变暖不应该被当成稳定的自然秩序的变形，而是碳循环本身无休止调整中的最新一轮调整。

  地层学版本的人类世使我们的关注焦点转移到整个地质年代中碳循环的波动，也由此使关注点从需求面转向供给面。用地质学的术语来讲，真正的新生事物并不是某个物种最大化的使用能量，而是通过采矿和钻探化石燃料到达地表的"选择性侵蚀"的规模。我们现在回顾一下第一章里谈到的数字：从1750年至2011年，2 400亿吨的碳积聚在了大气之中，可是总体上被探明的7 800亿化石燃料的碳还深埋于地下。大部分人所关心的减少化石燃料的使用也仅仅是间接地处理了这个问题。最终更重要的是把大部分剩下的碳继续保留在地下。地球系统的生物化学循环概念对这种情况有很好的诠释：在一个循环周期内，碳必须经历很多不同的阶段。传统上讲，它们分成生物阶段和地质阶段，可是碳循环现在包括了一个新的阶段：经济阶段。由于化石燃料还处于地下，它就变成对其有拥有权的公司的资产了。这个经济阶段是现代碳循环周期的重要组成部分。如果这些化石储藏没有经济价值，劳动力也不会把它们带到地球表面；而它们的价值总量决定了它们是否能吸引劳动力，何时能吸引劳动力。

经济阶段不仅仅是碳的生物化学循环中最新的阶段，而且也是最容易受到扰动的一环。如果有人想阻断地下和大气存储的碳之间的通路，那么循环过程中的经济时刻——这时碳既处于地下，又处于资产负债表和股市估价之中——就是你应该瞄准可以一招使其毙命的时间点。只有政府才有能力关闭这个通路，而且它们有足够的理由不去这么做。可是，碳循环经济机制可能会被活动分子所发起的对化石燃料公司的撤资所阻碍，因其有可能进一步加速谨慎的股东从某些公司撤资，特别是对持有稳定资产的公司。拥有最多化石燃料储藏的公司的股价由此变成地球碳循环中很关键的变量。因此，人类世给理解化石燃料撤资运动提供了一个新的语境，特别是这个运动的组织者试图展示在冒那罗亚山观测点观测出的二氧化碳数值和全球金融机构之间的联系。对化石燃料撤资是一个地质行为,是对地球系统的生物化学关键进程的一次介入。

这本书勾勒出了 2008 年国际地层委员会的人类世工作小组构建的人类世版本的政治意涵。从严格的地质学意义上讲,如果说这个新的"世"——显生宙的第三十九个"世"——始于 1952 年,那么可以说我们的世界实际上正是处于两个"世"的转变期:全新世末尾事件。环保人士的目标不应该是叫停这个转变期,然后以"无休止的可持续性"取而代之;相反,他们应该介入其中,守护和重建生态多样性。在这样的语境中诠释环境危机意味着最前沿的环保行动是全球南方贫苦大众的环保主义,也意味着地质学思维实验让我们了解到人类社会到底是如何运行的;同样,它也意味着农业企业变成环境批评绝对必要的目标。另外,要理解地球上生物化学系统是如何发生变化的,对化石燃料的撤资是厘清这个问题的关键。

如今,智人的历史包括了地质年代中的三个"世"。更新世是人类的生物进化的"世",它可以一直追溯到对所有六个适居大洲的发现和探索,肖维洞穴、阿尔塔米拉洞穴和拉斯科洞穴中的杰作(这些地方的杰作得以幸存,还有数不清的其他杰作永久消失了,或者还没有被发现),还有大型动物灭绝不可言说的悲剧。全新世下分三个"期",在这个"世"中,社会出现阶层分化,驯化的物种在经历了好几代田野劳动后结合在了一起;也是在这个"世",农业、文字、城市、暴政和民主从此诞生。人类世是一个正在形成中的"世",此时旧的组合正在破裂,新的组合正在以眼花缭乱的速度形成。哥伦布的交换、工业革命、大加速——这些和其他的转折点使一些有活跃活动的地点形成一系列放射型的连接，由此形成关系网络，连接点也成倍增加。

以此叙述的历史既会催生激进的冲动，也催生了保守的冲动。它描绘了一个新的世界即将到来的时刻，这样它强化了全新世局限之外重新想象人类和非人类生活的必要性。同时，这个理念也提出了一个问题：星球系统由各种关系网络、依存系统网络、共生关系网络构成，在濒临死亡的"世"中我们又该如何坚信这个网络呢？全新世并不是文明的大背景，而是人类社会进化过程所参与的一种生命形态。从生命的不确定性和不完美性来说，即将到来的生命形态跟过去的生命形态相比并不逊色，甚至这个生命形态的最早期阶段可能有时不受人类的控制。然而，目前正在进行的为争取环境正义所做的斗争还是有能力去影响全新世最终危机所衍生出的各类问题。如果说星球正在经历一个"世"的诞生，那么世界上的各种绿色运动将承担着一个责任，就是为悠长绵延的地质年代表形成一个转折点助力。

我会用一个类似寓言的故事结尾，来阐释什么叫见证人类世的诞生，尽管这么做有悖于我这本书的原则，就是让一个人的声音来代表整个人类。

核试爆给这个即将到来"世"提供了最好的标识，它所涉及的远超过科学家和技术人员。为了研究核战的策略，美国、苏联和英国的军队在核试爆之后进行了各种军事训练和演习。詹姆斯·耶茨（James Yeatts）参加了 1952 年美国军队进行的沙漠岩石演习。几年之后他的牙开始一颗颗脱落，他直接用手就能把牙从口中拔出。他的儿子一出生就严重畸形。"当核弹引爆的时候,"他说道,"我们背对着爆炸的火焰,跪在地上,双手紧紧捂着眼睛,双眼紧闭。闪光是如此之耀眼,我们可以在手上看到里头骨骼的形状。"[1]

---

[1] Gerard DeGroot, *The Bomb: A History of Hell on Earth* (London: Pimlico, 2005), 242.

索　引

本索引中的页码为原书的页码，即本书的边码

4.2 kiloyear event　4.2 千年事件　176-177，189-190
8.2 kiloyear event　8.2 千年事件　146-147，168-170，174，189

Acidification：酸化　anthropogenic　人为的　36，79，80，103，142；nonanthropogenic　非人为的　114，123，124，125
Aegean Sea　爱琴海　162，172，179
Africa：非洲　geology and geography　地质学和地理学　124，129，162；in Holocene　全新世　166，169，178，179，180，182，183-184，186；and human evolution　人类进化 135-139，151-152；and Last Glacial Maximum　末次盛冰期　153。See also Victoria, Lake　亦可参阅维多利亚湖　and individual countries　各国
African National Congress（ANC）非洲民族会议　107
Agassiz, Lake　阿格西湖　158，166，169-170，189
Agassiz, Louis　路易斯·阿加西　28
agriculture：农业　during Holocene　全新世时期　46，147，163-165，167，170-180，182；and decline in living standards　生活标准的下降　159-161；modern　现代　1，33-36，98，103，197，205-206
'Ain Ghazal　阿恩·加扎勒　170
Akkad　阿卡德　176-177，189-190
Aksumite empire　阿克苏姆帝国　182
Alexander the Great　亚历山大大帝　181

Alliance of Small Island States 小岛屿国家联盟 203
aluminum 铝 102
Amazonia 亚马孙古陆 92，168，177
American International Group（AIG） 美国国际集团 22
Americas：美洲 in Columbian exchange and Industrial Revolution 哥伦布交换和工业革命 91‑94，96，186‑187；geology 地质学 124，127；in Holocene 全新世 164，166，168‑169，174，177‑178，180，182‑183，185；introduced species in 引进物种 78；Isthmus of Panama 巴拿马地峡 130；Latin America 拉丁美洲 203；megafaunal extinction in 大型动物灭绝 152；mountain pine beetle 山松甲虫 39；peopling of 人 156；Younger Dryas 新仙女木期 158
Anatolia 安纳托利亚 129，162，163，165，167‑168，171，174
Andes 安第斯山脉 92，164，173，177，186
angiosperms 被子植物 124，126，134
annual bluegrass 一年生蓝草 30
anomalocaridids 奇虾 116，117
Antarctica 南极洲 30，38，40，79‑80，107，124，128
Anthropocene：人类世 five maxims about 五条箴言 108‑110；"good" 好 197；implications for environmental politics 环境政治的意义 4‑6，13‑14，84，193‑209；introduction of term 术语的引入 42‑44；popularization of term 术语的流行 6，51‑52；as shock tactic 突击战术 70，194‑195；significance of name 命名的重要性 6，10，42，52，70‑76，195；varied meanings of 多种意涵 6，41，44‑48，52，55‑56，63‑66
Anthropocene epoch：人类世时期 and anthropocentrism 人类中心主义 7，74‑76；and dualism 双重性 7‑8，49‑50，54，73‑74，76，83，109，151，203‑204；and ecological pluralism 生态多元主义 6，194，201‑202，208；and remote future 遥远的未来 66‑67，76‑85，88，105‑106，142‑143，204；and technocracy 技术统治论 8，52‑55，104（*See also* geoengineering 亦可参阅地质工程）；and universalism 普世主义 7，50‑59，61‑62，71，76，109，160‑161，195，204
Anthropocene epoch, dating of 人类世时期测定 43，45‑48，67‑68，74‑76，84‑87，89‑108；use of 1952 as starting date 以1952年作为起始日期 105‑108，190，197，208；
Anthropocene Review 《人类世评论》 52

Anthropocene Working Group　人类世工作组　69，71，84－85，208；foundation of　源头　64－65；and subdivision of Holocene 全新世细分期　190－191；writings by members of　成员的著作　74，75，104，195，204。See also Zalasiewicz, Jan　亦可参阅扬·扎拉西耶维奇
antimony　锑　103
antiquarian history　古文物历史　27
Appalachian Mountains　阿巴拉契亚山脉　117
aquaterra　水陆陆地　153－156
Aral Sea　咸海　1
Archeopteris　古蕨类　118－119，134
Archer Daniels Midland　阿彻丹尼尔斯米德兰　205
Arctic　北极　105，131，157，158，169；climate of　气候　19，110，127
Asia：亚洲　Central　中部　153，174，177，181，184；East　东93－94，178；Northeast　东北　164　South　南　176，181；Southeast　东南　176，177，184，203；Southwest　西南　135，157－159，162－186。亦可参阅 *individual countries*　各国
Asia, pre-Holocene　亚洲，前全新世期　127，128，129，152，153，156
Assyria　亚述　178－180，181
Atlantic islands　大西洋群岛　93，95
Atlantic Meridional Overturning Circulation　大西洋经圈翻转环流　36，130－132，157，158－159，166，169，189
Atlantic Ocean　大西洋　17，129，130，147；North　北　32，67，184；South　南　40
Aurignacian culture　奥瑞纳文化　85
Australia：澳大利亚　contemporary environment　当代环境　50，78，79；history of　历史　124，128，135，152，153，156，170，178
Avalonia　阿瓦隆尼亚大陆　118，119
Aztec empire　阿兹特克王国　186，187

Babylonia　巴比伦　170，177
Balkans　巴尔干　34
Balloon vine　倒地铃属　79
Baltica　波罗的海古陆　118
Bantu-speaking peoples　班图语族　178，182，183－184

索 引 / 229

barley　大麦　157，163，165，171-172，175，177，179，182
Barnosky, Anthony　安东尼·巴诺斯基　93，102-103
Battle of Hastings　黑斯廷斯战役　21
Battle of the Boyne　博因河战役　22
Beatles　甲壳虫乐队　106，107
behavioral modernity　行为现代性　135-138
Beidha　贝达　165-166
Beringia　白令陆桥　127，156，173，187
Bhopal　博帕尔　63
Bible　圣经　25，40
Big Bang　宇宙大爆炸理论　22
biological pump　生物泵　60，132
biomass, global　全球生物量　31-32
Black Death　黑死病　96，185-186
Black Sea flood　黑海洪水　169
Bolivia　玻利维亚　38
Botai culture　波泰文化　175
Brazil　巴西　18，40，95
Bretton Woods system　布莱顿森林体系　199
Britain　大不列颠　22，78，100；in Holocene　全新世　170，172，179；and Industrial Revolution　工业革命　95-97，98；and Last Glacial Maximum　末次盛冰期　153；nuclear program　核项目　105，209
Bronze Age collapse　青铜时代崩溃　179-180
bronze working　青铜冶炼　171，177
Brower, David　大卫·布劳尔　25-26，84，139，149，195
Buffon, Georges-Louis Leclerc, Comte de　乔治-路易·勒克莱尔·布丰　43
burial　墓葬　82，135，137，168，171
Byzantine empire　拜占庭帝国　183，184，186

C4 grasses　C4植物　129，133-134
Cage, John　约翰·凯奇　107
Cambrian period　寒武纪　116-117，125
Canada　加拿大　38，78，153，158，169
Canary Island　加纳利群岛　93，95
capitalism：资本主义　Dipesh Chakrabarty on　迪佩什·查克拉巴提　48-51，57；and significance of Anthropocene　人类世的重要性

62，107，192，196-197; and sustainability 可持续性 198
Capitalocene 资本主义世 52，94
carbon bubble 碳气泡 38-39，207，214
carbon dioxide：二氧化碳 in Holocene 全新世 17，168; and Little Ice Age 小冰期 94; in Phanerozoic eon 显生宙 18，117-132; recent rise in concentrations 近期上升的浓度 16-19，38-40，147，196，206-208; and snowball earth 雪球地球 114; used to define Anthropocene epoch 定义人类世时期 43，46-47，98-99，102
Carboniferous period 石炭纪 71-72，119，122，125
carbon weathering 碳风化 59-60，117-118，119，129
Caribbean 加勒比 32，95，96
Caribbean monk seal 加勒比僧海豹 32
Carthage 迦太基 91
Caseldine, Chris 新世代 21
cassava 木薯 93
Castile 卡斯提尔 186-187
Çatalhöyük 加泰土丘 167-168，188
catastrophism 灾变论 212
cattle 牲畜 31，92，165，166，167，175，177，182
Cenozoic era 新生代 125-133，140，144，146
Chad 乍得 139，161
Chakrabarty, Dipesh 迪佩什·查克拉巴提 48-51，57-61，63，107，118
Chauvet cave 肖维岩洞 136，140，208
Chew, Sing 楚·辛格 179
Chicxulub bolide 希克苏鲁伯火流星 21，29，102，124-125
Chile 智利 156，158
China：中国 pre-imperial 前帝国 158，164，168，172-173，176，177，180; imperial 帝国 92-93，94，96-97，98，162，181-182，184，185-186; contemporary 当代 40，203
cities 城市 34，40，81-82，102，174-175，179
climate 气候 relative stability of in Holocene 全新世相对稳定 146-147，149，159，195-196
climate change, anthropogenic 人为的气候变化 16-19，38-40，43，79，147，206-208; Dipesh Chakrabarty on 迪佩什·查克拉巴提 48-51，57; conspiracy theory about 阴谋论 23-24，26; future prospects 未来展望 79-80，142，147，197;

preindustrial 工业期之前 46，94
climate change，nonanthropogenic 非人为的气候变化 in Holocene 全新世 149 - 151，164，166，168 - 170，173 - 175，176 - 177，178，184，189 - 190；in late Pleistocene 更新世晚期 38，153 - 158；in Phanerozoic eon 显生宙 117 - 132；rapidity of 急速 9 - 10，29，127，146，159
coal 煤炭 38 - 39，71 - 72，96，97 - 98，119，206
cod 鳕鱼 67，92
Colombia 哥伦比亚 38
Colorado potato beetle 科罗拉多马铃薯甲虫 73
Columbus，Christopher 克里斯托弗·哥伦布 92，107
common reed，Eurasian 欧亚大陆芦苇 78
Congress of Vienna 维也纳会议 99
Constantinople 君士坦丁堡 163，183，186
Copenhagen，University of 哥本哈根大学 159
Copernicus，Nicolaus 尼古拉·哥白尼 70 - 71
coral 珊瑚 32，33，79，102，117，119，124，220；uses in stratigraphy 地层学中用途 79，81，101，106，192
Cordilleran ice sheet 科迪勒拉冰盖 156
corn 玉米 80，93，103，103，180，185
Cosmoscene 宇宙世 52，70
cotton 棉花 92，96 - 97，178
Cretaceous period 白垩纪 72，77，102，124 - 125
Crutzen，Paul 保罗·克鲁岑 12，42 - 45，46，48，55，70，94，95，99；and Dipesh Chakrabarty 迪佩什·查克拉巴提 49 - 51；coins term *Anthropocene* 敲定人类世这个术语 42，142；and geoengineering 地质工程 54；and stratigraphic Anthropocene 地层学人类世 63，65，67，71，77，90
Cryogenian period 成冰纪 72，191
Cuban missile crisis 古巴导弹危机 105
Cuvier，Georges 乔治·居维叶 28
Cyprus 塞浦路斯 165

Darwin，Charles 查尔斯·达尔文 28，137
deforestation：森林砍伐 and global biomass 全球生物量 31；stratigraphic implications of 地层学意义 80，91，92，98
Denisova Cave 丹尼索瓦洞穴 138
Desert Rock exercise 沙漠岩石演习 209

Devonian period 泥盆纪 74，118-119，125
dingo 澳大利亚野狗 178
dinosaurs 恐龙 123，124-125，126-127；extinction of nonavian 非鸟兽类恐龙灭绝 21，29，124-125
Diprotodon 双门齿兽 152
disease 疾病 92，96，160，187
divestment, from fossil fuels 从化石燃料上撤资 207-208
D'mt 达默特王朝 182
Dobson, Andrew 安德鲁·多布森 199
dog, domesticated 驯化的狗 165
Doggerland 多格兰 164，170，190
bomestication 驯化 47，136，157，158；in Holocene 全新世 163-168，171-173，177，208
Dubai 迪拜 85

early spider orchid 早期的蜘蛛兰花 1
East India Company 东印度公司 96-97
Ediacaran biota 埃迪卡拉纪生物 11，115，145，193
Eldredge, Niles 奈尔斯·艾崔奇 29
Econocene 经济世 52，70
Economist (London) 《经济学人》（伦敦） 51
ecosystem-services markets 生态系统维护服务的市场 54
Ecuador 厄瓜多尔 164
Egypt：埃及 Dynastic 王朝 175，176-177，179-180，189-190；1952 Revolution 1952年革命 107，190，197；Ottoman conquest 奥斯曼征战 186
Ellison, Ralph 拉尔夫·艾利森 107
Elugelab 伊鲁吉拉伯岛 220
end-Holocene event：全新世末尾事件 characterisation of 描述 90，107，162-163，186-187，196-197，200-205；as geological concept 地质学概念 94-95，192，196，208
"environmentalism of the poor," 穷人的环保主义 202-203，208
Eocene epoch 始新世 19，127-128
epoch, geological, ambivalent meaning of 地质时期的模糊含义 140-144
Eritrea 厄立特里亚 139
erosion：侵蚀 of agricultural soil 农业土壤 34，91，93，170，179，201，205；as geological process 地质进程 29，59-60，

123; of stratigraphic sites 地层 67，77，82，88
Euphrates 幼发拉底河 162，165，171，181
Eurocentrism 欧洲中心主义 95-96，101，104，135
Europe：欧洲 in Columbian exchange and Industrial Revolution 哥伦布交换和工业革命 92-99; extinctions in 灭绝 152; geological science in 地质科学 27-28; geology and geography 地质学和地理学 128，129，162; in Holocene 全新世 164，169，170，172，175，177，184，185-186; and human evolution 人类演变 135，137; and Last Glacial Maximum 末次冰盛期 38，135; and Late Glacil 末次冰期 156-157，158. *See also* imperialism, European 亦可参阅欧洲帝国主义 *and individual countries and regions* 各国和各地区
European Union Emissions Trading System 欧盟排放交易体系 54
extinction：灭绝 in Great American Interchange 南北美洲生物大迁徙 130; of Pleistocene megafauna 更新世巨型动物群 19，47，132，141，152-153，156，208; recent and prospective 近期的和未来的
extinctions, "Big Five," 五次生物大灭绝 36，133; end-Cretaceous 白垩纪-古近纪灭绝事件（*See also* Chicxulub bolide 亦可参阅希克苏鲁伯火流星）; end-Ordovician 奥陶纪大灭绝 117-118，206; end-Permian 二叠纪灭绝事件 95，122-123，127; end-Triassic 三叠纪-侏罗纪灭绝事件 123-124; Late Devonian 泥盆纪后期灭绝事件 118-119

fall from Eden 伊甸园的堕落 7，25，108，161
Faulkner, William 威廉·福克纳 194
feedback mechanisms 回馈机制 9，38，39
Fertile Crescent 肥沃月湾 162，223。*See also* Asia：Southwest 亦可参阅亚洲西南地区
Finney, Stanley 斯坦利·芬尼 88
fishing, modern industrial 渔业，现代工业 32-33，102，205
Flandrian age 弗兰德间冰期 221
Folsom culture 福尔松文化 166
foraging societies. *See* hunter-gatherer societies 捕猎采集社会
France 法国 18; French Revolution 法国大革命 17，27，28
future, remote 遥远的未来 66-67，76-85，88，105-106，142-143，204

gazelle　羚羊　157，163，167

geoengineering　地质工程　44，54，89，197-198

Geological Society of London　伦敦地质学学会　65，91

geological timescale：地质时间表　diagram　图表　principles of　原则　3，64-65，85-88，112；status of Holocene epoch in　全新世　140-144，188-192，221；structure of　结构　115，122，125-126；"time-rock" units　时间岩石单位　217；unfamiliarity to nonspecialists　对于非专业人士而言不熟知　20-23

Germany　德国　98，153，203

Gilgal　吉甲　163，192

glaciers. See　ice　冰川

Global Boundary Stratotype Section and Point（GSSP）：全球界线层形剖面和点位　for Anthropocene，人类世　91，93，97-99，102-104，105-107，197；for Holocene epoch and ages　全新世时期　159，189-191；requirements for　要求　86-87

globalization　全球化　48-49，57，62，91-97，100-101。See also　imperialism, European　亦可参阅欧洲帝国主义

Global Standard Stratigraphic Age（GSSA）　全球标准地层年代　86，91，93，95，104-105，220

global warming, as term　全球变暖，术语　56，57。See also　climate change, anthropogenic　亦可参阅人为气候变化　climate change, nonanthropogenic　非人为气候变化

Globo, O（Rio de Janeiro）《环球报》（里约热内卢）　18

goats　山羊　165，167，171-172，175-176，178

Gobekli Tepe　哥贝克利石阵　164，165，168

golden spike　金钉子　*See*　Global Boundary Stratotype Section and Point（GSSP）　参阅全球界线层型剖面和点位

Gondwanaland　冈瓦纳大陆　117-119，124

Gould, Stephen Jay　史蒂芬·杰伊·古尔德　23，29，115-116

gradualism　渐变主义　29

Great Acceleration　大加速　45，100-101，197，208-209

"Great Dying,"　二叠纪灭绝事件　122-123

Great Oxygenation Event　氧化灾变　60

great Pacific garbage patch　太平洋垃圾带　36

Greece　希腊　179，181

Greenland：格陵兰岛　and modern climate change　现代气候变化　36，80；past climate of　过去的气候变化　153，157，158，169；study of ice cores from　研究冰芯　91，103，157，

159,189
Guardian（London）《卫报》（伦敦） 18

Hadley cells　哈德里环流圈　63
Haff, Pete　皮特·哈夫　224
Hansen, James　詹姆斯·汉森　146,149,196
Hawaii　夏威夷　78,79,184。*See also*　Mauna Loa Observatory 亦可参阅莫那罗亚太阳天文台
Hercynian Mountains　海西造山运动　119
Himalayan Mountains　喜马拉雅山脉　129,176
Hiroshima　广岛市　104
Holocene Climatic Optimum　全新世气候最适宜期　38,166,168,170
Holocene epoch：全新世　agriculture and　农业　159 - 161；Paul Crutzen on　保罗·克鲁岑　42　division into geological ages　地质时期的分野　188 - 191；GSSP（golden spike）for　金钉子　159；history of　历史　163 - 187；partisanship for　党派　146 - 149,192,200；relation to Anthropocene epoch　与人类世相关时期　5 - 6,47,88 - 90,145 - 151,161,187 - 188,191 - 192,209；William Ruddiman on　威廉·拉迪曼　46；status as epoch　时期　140 - 144,221
Homer　荷马　181
Homo ergaster　匠人　139,140
Homo floresiensis　佛罗勒斯人　138
Homogenocene　类人时代　52
Homo neanderthalensis，　尼安德特人　135,137,139,152
Hong Kong　香港　40
Horses　马　92,93,100,175
human evolution　人类进化　134 - 140
Humboldt Current　洪堡暖流　178
hunter-gatherer societies：狩猎采集社会　and evolution of agriculture　农业进化　159 - 161；in Holocene　全新世　92,163 - 170,172,173,175,177,178,182 - 183,222；in Pleistocene　更新世　153,157 - 158；as pre-Holocene mode of subsistence　前全新世生存状态　22,146 - 147,195 - 196

ice：冰　in late Pleistocene and Holocene　更新世晚期和全新世　153,157,158,164,170；and modern climate change　现代气候变化

36，38，75 - 76，79 - 80，107，142；in Phanerozoiceon 显生宙 19，21，117 - 118，119，122，128，131 - 132；as stratigraphic record 地层记录 77，98，103，106，159，189
imperialism，European 欧洲帝国主义 17，48 - 49，53，91 - 97，186 - 187
Inca empire 印加王朝 186，187
India：印度 geology 地质学 124，128，129，156；in Holocene 全新世 176，177，182，190；modern 现代 94，96 - 97，162
Indian Ocean 印度洋 93 - 94，95，162，183 - 184，186
Indohyus 印多霍斯兽 128
Indonesia 印度尼西亚 156，180；Flores 弗洛里斯岛 138
Indricotherium transouralicum 巨犀 128
Industrial Revolution 工业革命 95 - 99，196 - 197，208 - 209；David Brower on 大卫·布罗尔 25，149；and development of geological science 地质科学的发展 26 - 27；and rising CO_2 levels 二氧化碳浓度上升 16，98 - 99；as widely discussed starting point for Anthropocene 人类世起始时间的广泛讨论 43，45，53，91
Indus Valley 印度河流域 167，175 - 176，190
International Chronostratigraphic Chart 国际年代地层表 *See* geological timescale 地质事件表
International Commission on Stratigraphy (ICS) 国际地层委员会 3，64，189
International Geosphere-Biosphere Programme 国际地圈生物圈组织 42
International Union for the Conservation of Nature 国际自然保护联盟 37
International Union of Geological Sciences (IUGS) 国际地质科学联盟 64，90
Iranian Plateau 伊朗高原 129，162，167，174，176，181
iron 铁 80，96，102，180，182，183
Islam 伊斯兰教 183 - 184，186
Israel，Kingdom of 以色列王国 180
Istanbul 伊斯坦布尔 *See* Constantinople 君士坦丁堡

Japan 日本 98，104，164，182，184，188
Japan，Sea of 日本海 156

Jaspers, Karl 卡尔·雅斯贝尔斯 182
Jericho 杰里科 163, 170
Jordan Valley 约旦河谷 163-164, 165, 169-170
Jurassic period 侏罗纪 124, 125

Kazakhstan 哈萨克斯坦 105, 175
Keeling Curve 基林曲线 *See* Mauna Loa Observatory 冒那罗亚天文台
Kenya 肯尼亚 107, 197
Khmer empire 高棉帝国 184
Kilimanjaro, Mount 乞力马扎罗山 38
Korea 朝鲜 182, 184, 188

Lamarck, Jean-Baptiste de 让·巴普提斯特·德·拉马克 28
Lapita culture 拉皮塔文化 180
Larsen B ice shelf 拉尔森 B 冰架 38
Late Glacial (Pleistocene) 更新世末次冰期 38, 143, 156-158
Laurentia 劳伦古大陆 117, 118, 119
Laurentide ice sheet 劳伦太德冰盖 158, 166, 169
lead 铅 82, 103
Le Corbusier 勒·柯布西耶 107
life/nonlife distinction 生命/非生命区分 58, 61
Limited Test Ban Treaty 部分禁止核试验条约 105
limits to growth 增长局限 13, 54, 198-199。*See also* sustainability 亦可参阅可持续
Linearbandkeramik culture 线纹陶文化 172
Little Ice Age 小冰期 94
London Underground 伦敦地铁 98
Lyell, Charles 查尔斯·莱伊尔 29
Lystrosaurus 水龙兽 123

Madagascar 马达加斯加 184
maize. *See* corn 玉米
Mammoths 猛犸象 128, 136, 152-153, 173
Manhattan Project 曼哈顿计划 104
Marsh, George Perkins 乔治·珀金斯·马什 43
Mau Mau rising 茅茅党起义 107, 197
Mauna Loa Observatory 冒那罗亚山天文台 16-17, 21, 110,

130，207-208
Maya 玛雅 150，185
McKay，Don 唐·麦凯 10-12，111，145，193
McNeill，John 约翰·麦克尼尔 45，51，67，99，101
Mediterranean Sea 地中海 129-30，169
Mesoamerica 中美洲 92，180，185，186
Mesopotamia 美索不达米亚 162，170-171 See also Asia：Southwest 亦可参阅亚洲西南地区
Mesozoic era 中生代时期 122-126
methane 甲烷 39-40，43，75-76，85，123，127，164
Milankovitch cycles 米兰科维奇循环 60，131，156，166，173
millet 小米 172，177，180，182
mining 采矿 34，80，82，102，204，206
Miocene epoch 中新世 129，133-134，138
Missoula floods 米苏拉洪水 29
Mongol empire 蒙古帝国 184-186
Monsanto 孟山都 205
monsoons 季风 166，169，173-174，190
Moore，Jason W. 杰森·摩尔 73，94-95
mountain pine beetle 山松甲虫 39
Mughal empire 莫卧儿帝国 96-97

Napoleon 拿破仑 99
Naqada culture 那卡达文化 175
Nasser，Gamal Abdel 贾迈勒·阿卜杜-纳赛尔 107，197
National Geographic 《国家地理》
Natufian culture 纳图夫文化 157-159，161，162
Neanderthals 尼安德特人 135，137，139，152
neocatastrophism 新灾难论 9，28-30，108，212
Neogene period 新近纪 125，129-131
Netiv Hagdud 纳提夫·哈格杜德 163，192
New Guinea 新几内亚 156，170，173
Newtonianism 牛顿主义 27
New York Times 《纽约时报》 17-18，21，130
New Zealand 新西兰 78，153，184
Niger 尼日尔 161
Nile perch 尼罗河鲈鱼 37-38，79
Nile Valley 尼罗河河谷 162，171-172，175，182。See

also Egypt 亦可参阅埃及
Nino, El 厄尔尼诺现象 40, 130, 178
nitrogen cycle 氮循环 35, 59, 103, 142
Norte Chico civilization 小北文明 178, 204
North Atlantic Treaty Organization (NATO) 北约 101
North Sea 北海 32
Nouvel Observateur, Le (Paris) 巴黎《新观察家》 18
nuclear weapons 核武器 80, 89, 104‑108, 188, 190‑191, 209, 220

ocean sediment 海洋沉积 31‑32
oil 油 38‑39, 101, 103, 206‑208
Oligocene epoch 渐新世 64‑65, 86, 128‑129
Olmec civilization 奥尔梅克文明 180
Olympian perspective 宏大视角 7‑8, 24‑26, 84, 109, 141, 147‑148, 192
One Million Years B. C 《洪荒浩劫》 21
orbital cycles 轨道周期 60, 131, 156, 166, 173
Ordovician period 奥陶纪 117‑118, 125
Ottoman empire 奥斯曼帝国 186
Oxford English Dictionary 牛津英语字典 56
ozone layer 臭氧层 42, 56, 73

Pacific Northwest 美国太平洋西北地区 185
Pacific Ocean: 太平洋 deep-sea litter 深海丢弃垃圾 30; North Pacific Central Gyre 北太平洋环流 36; Nuclear tests 核试爆 105; past climate of 过去气候 130, 153; settlement of islands 岛屿定居 180, 184
Paleocene epoch 古新世时期 126‑127
Paleocene-Eocene Thermal Maximum 古新世-始新世极热事件 127
paleo dieting 原始饮食 22
Paleogene period 古近纪 102, 125, 126‑128
Paleozoic era 古生代 116‑123, 125‑126
Pamir Mountains 帕米尔山脉 177
Panama, Isthmus of 巴拿马地峡 17, 130, 143, 157
Pangaea 泛大陆 119‑124, 129
Panthalassa 泛古洋 119, 123
Patagonia 巴塔哥尼亚 153

permafrost 永久冻土 39-40
Permian period 二叠纪 95, 122-123, 125
Persia 波斯 181, 183, 185
Persian Gulf 波斯湾 163, 164-165, 171, 176
Phanerozoic eon 显生宙 13, 115-134, 143, 145, 206; diagram of 图表 4
Philippines 菲律宾 180, 203
Phoenician civilization 腓尼基文明 180
phorusrhacids 骇鸟 126, 130
phosphorus 磷 35, 39
Pigs 猪 92, 165, 167, 168, 172, 177
planetary boundaries 地球界限 198
Pleistocene epoch: climate 更新世时期气候 79, 146; history of 历史 131-133, 151-158, 208; proposed Tarantian age of 晚更新世 191; relation to Holocene and Anthropocene epochs, 与全新世和人类世关系 140-144。See also human evolution; Late Glacial (Pleistocene) 亦可参阅末次冰期人类进化
Pleistocene megafaunal extinctions 更新世巨型动物灭绝 19, 47, 152-153, 156, 208
Pliocene epoch 上新世 18, 130-131, 139, 143
plutonium 钚 105-107, 190, 192, 197
pollen 花粉 80, 81, 91, 98, 102, 152, 205
Polynesia 波利尼西亚 180
population, human: growth of 人口增长 100, 135, 147, 156, 164, 195; likely maximum 可能的最大值 89; politics of overpopulation 人口过多的政治 53
Porter, Roy 罗伊·泼特 27
Portugal 葡萄牙 186-187
post-Anthropocene 后人类世 52, 85, 109, 198, 200
Potatoes 土豆 73, 93, 173
Pottery 陶器 164, 166, 168, 172, 176, 178, 182, 183, 222
Precambrian time 前寒武纪时期 86, 98, 112-115
Pueblo cultures 普韦布洛文化 185
punctuated equilibrium 间断平衡 29
Quaternary period 第四纪时期 3, 125, 142-143。see also *Holocene epoch* 亦可参阅全新世时期 *Pleistocene* 更新世

Red Sea 红海 156, 163, 182

Revkin, Andrew　安德鲁·列夫金　43
rewilding　复野活动　19，201
rice　大米　46，96，168，172，176，177，182
Ridley, Matt　马特·里德利　23，84，141
Roaring Forties　40纬度的咆哮西风带　19-20
Rocky Mountains　落基山脉　103
Roelvink, Gerda　格尔达·洛伊尔维克　54-55，82
Romanticism　浪漫主义　27
Rome　罗马　91，180-181，186
Ruddiman, William　威廉·拉迪曼　46-47，91，94
Rudwick, Martin　马丁·鲁德威克　27-28
Ryukyu Trench　琉球海沟　30

Sahara　撒哈拉　162，166，170，171-172，181，186，188；desertification of　沙漠化　174，175
Sahelanthropus tchadensis　乍得沙赫人　140
Sato, Makiko　佐藤真纪子　146，149，196
Scandinavia　斯堪的纳维亚　153，157，172
Science　科学　51
sea level：海平面　early Holocene rise in　早期全新世上升　164-165，169，170；future　未来　76，79-80，81，82；pre-Holocene　前全新世时期　21，116-117，118，124，130，132，153；recent rise in　近期上升　1，89
sedentism　定居　147，157-160，164，168
Shea, John J.　约翰·谢伊　136-138
sheep　绵羊　165，166，167，171-172，175-176，177，179
Shetland Islands　设得兰群岛　170
Siberia　西伯利亚　39-40，119，122，138，173
Silk Routes　丝绸之路　163，181，182
Silurian period　志留纪　118，125
Skeptical Science　怀疑论　23
Smail, Daniel Lord　丹尼尔·洛德·斯迈尔　139
Smith, Bruce　布鲁斯·史密斯　47-48，66，68，74
Smithfield Foods　史密斯菲尔德食品　35-36，205
soapberry bug　无患子虫　79
South Africa　南非　139，153
Southern Ocean　南冰洋　32，128，157
South Africa　南非　139，153

South Shetland Island   南设得兰群岛   30
South Sudan   南苏丹   51
Soviet Union   苏联   101，105，209
Spain   西班牙   91
species relocation   物种迁移   37 - 38，73，92 - 93；as stratigraphic marker   地层标识   78 - 79，81，93，98，102，142 - 143，205
speleothems   洞穴化学沉积物   98，106，190
spheroidal carbonaceous particles   球状碳颗粒   103 - 104
stalagmites   石笋   98，106，190
steel   钢铁   80，102，182
Stoermer, Eugene   尤金·斯多耶默   42 - 43，44，48，49 - 51，55
Stopanni, Antonio   安东尼奥·斯托帕尼   43，76 - 77，81，204
Storegga Slide   斯多雷伽山体大滑波   170
Stratigraphy   地层学   See Anthropocene Working Group；geological timescale   参阅人类世工作小组：地质事件表
stromatolites   叠层石   123
sugar   糖   92，96
Sumer   苏美尔   175
Sundaland   巽他古陆   156
sustainability   可持续性   6，13，148，198 - 200，202，208；Paul Crutzen on   保罗·克鲁岑   49 - 50；sustainable development   可持续性发展   56
Sustainocene   可持续世   52，197
Swahili civilization   斯瓦希里文明   183 - 184，186

Taiwan   台湾   176，180
Tambora, Mout   坦博拉火山   99
tapirs   貘   128
Tarantian age   晚更新世   191
teleconnections   远程通信   8 - 9，96
Tethys Seaway   古地中海   124，129，134
Thailand   泰国   166 - 167，177
thermohaline circulation   温盐环流   130 - 132，157，158 - 159
thrombolites   血栓岩   123
Tigris   底格里斯河   162，171，179
Toba supereruption   多峇巨灾理论   29
trans-Eurasian exchange   跨欧亚交流   177

Treptichnus pedum 虫子爬过的痕迹 98
Triassic period 三叠纪 95, 123-124, 125
trilobites 三叶虫 11, 117, 126, 145, 193
Tudge, Colin 科林·图哲 24-25, 84, 141
Turner, J. M. W. J. M. W. 特纳 99
Tyrannosaurus 暴龙属 124, 126

Ubaid culture 欧贝德文化 170-171
United Kingdom 英国 See Britain 参阅 Britain
United States 美国 17, 78, 96, 153, 174; nuclear program 核项目 104, 105, 107, 209; twentieth-century history of 二十世纪历史 20, 50-51, 100, 101, 197
United States National Grain and Feed Association 美国国家谷物饲料协会 205-206
"Urban Stratum," 城市阶层 81-82
Uruk 乌鲁克 174-175

vegeculture 蔬菜园艺学 173, 177
Venus 金星 59, 60
Vernadsky, Vladimir 弗拉基米尔·沃尔纳德斯基 43
Victoria, Lake 维多利亚湖 37-38
Vince, Gaia 盖亚·万斯 224
volcanism 火山作用 10, 88, 99, 114, 127; role in mass extinction 大灭绝中的角色 122-123, 124, 133

Walker, Michael 迈克尔·沃克 190-191
Waters, Colin 科林·沃特斯 89
Watt, James 詹姆斯·瓦特 43, 95, 96
wheat 小麦 157, 163, 165, 171-172, 177, 179, 182, 191-192
wilderness 原野 25, 54, 193
Williams, Mark 马克·威廉姆斯 65, 98
Wilson, E. O. （E. O. 威尔森）43
woodpecker, black-backed 黑背啄木鸟 19
Wrangel, Island 弗兰格尔岛 173, 188
writing, development of 书写的发展 173, 175

Yeatts, James 詹姆斯·耶茨 209

Younger Dryas 新仙女木期 158-159，169

Zagros Mountains 札格罗斯山脉 162，165，167
Zalasiewicz，Jan 扬·扎拉西耶维奇 66，77-83，85，143，204
and Anthropocene Working Group 人类世工作小组 12，64-65，69，71
Zanclean，Melinda 梅琳达·泽德 47-48，66，68，74
Zhou Enlai 周恩来 17
Zimbabwe 津巴布韦 186

译后记

《人类世的诞生》这本学术译著即将和读者见面了,回想起来,从着手翻译到如今付梓满打满算经历了三个春秋,这三年间,我们的世界已然发生了翻天覆地的变化,新冠肺炎肆虐全球,造成了数不清的伤亡,时至今日,何时可以完全遏制疫情的全球扩散依然是一个未知数。如果说在前疫情时代,学者将人类作为一个整体看待从而提出"人类世"的概念,这还仅仅是在学理上探讨该如何应对生态危机和气候变化的一个倡议,那么,在后疫情时代,作为地球上的一个物种存在的人类不得不和新冠病毒这另一物种狭路相逢,兵戎相见,这已经成为现实。人类在这场危机中也不得已获得了另一种整体性的能动。

2018年3月,在三联书店做编辑工作的友人陈丽军博士举荐我翻译这本学术专著,彼时,我还在美国加州大学戴维斯分校的比较文学系攻读博士学位,是博士阶段的最后一年,博士论文已经基本完成,时间充裕,所以满口答应下来。其实,我的内心十分忐忑。尽管我此前听说过"人类世"这个概念,可是对于人类世的学理、论述和内涵并无很深的了解。本着把此次翻译当成一个文本细读的实践的想法,也本着以此次翻译为契机使自己的母语写作水平有所增进的想法,硬着头皮啃了下来。翻译工作时有中断,手稿也随着我工作生活的变动而辗转周折,2018年6月份博士毕业后我到了北京大学艺术学院从事博士后研究工作,2020年9月份调入中国人民大学文学院工作,可以说这本译稿见证了我从留学到归国的个人经历的变化,从普通学生到高校教师身份的转变,从研究比较文学到关注更宏大的生态批评的学术转向,是我生命中很重要的一部分。

第一次接触"人类世"这个概念纯属偶然,2016年我有幸参与加州大学圣克鲁兹分校Christopher Connery教授家中的聚会,席间Donna Haraway和戴锦华老师热情洋溢地谈起自己近期所思考的关于人类世和资本世的问题,Haraway老师旁征博引,对生物学术语信手拈来,对于Anthropocene这个词的中文翻译到底是"人类世"还是"人类纪"大家争执不休,兴趣盎然,我在惊异于这个与传统人文学科迥异的认识论体系的同时,也更加关注这个新兴术语的学理脉络及其所开辟的与以往西方马克思主义框架下不同的批评话语。第二次较为深入地探讨"人类世"这个概念是在加州大学戴维斯分校读书期间,我的同事人类学家Adam Liebman刚刚完成在云南为期两年的田野调查,研究课题是1949年后中国关于废品回收、环境保护的宣传话语和政治运动研究,而社会主义中国的环保实践恰好可以介入人类世的话语,为其提供不同的思路。正是这两次和人类世不经意的邂逅驱动我理清人类世的理论框架和思想内涵,而这部译著正是一个开端。

本书的作者杰里米·戴维斯是英国利兹大学英语系的青

年学者，他的第一本专著《浪漫主义文学中的身体疼痛》探讨了1846年麻醉药发明前文学作品中关于身体疼痛的叙述，而这种痛感是如何促进文学的创作及其如何催生文学中关于伦理和身份的探讨。《人类世的诞生》是戴维斯的第二本学术专著，书中整理了已有的关于人类世的不同论述，同时，深入地质学的知识体系，从地球史的维度对现代的生态危机重新定位，为现今风行一时的绿色政治和环保运动提供另一种框架。

翻译学术作品是一项费时费力的工作，甚至是一项不讨好的工作，看得懂原文的读者会觉得学术翻译有些鸡肋，可有可无，不看原文的读者可能会觉得翻译难免有些"翻译腔"，不够流畅。如果这本译作能够让读者超越有限的自我，在深层时间的框架中对于我们所处时代的生态危机和气候变化有所反思，甚至有所行动的话，那么，这本译著可能就是成功了吧。

在此，首先，我要特别感谢我在北京大学艺术学院从事博士后研究期间的合作导师王一川老师以及博士后出站答辩委员会的成员彭锋、陈剑澜、高建平和李洋老师，他们为我博士后期间相关的人类世课题的研究和写作提出了宝贵的意见，让我从译著中走出来，进一步发掘人类世这个话题的其他可能性。其次，我要感谢三联书店参与本书出版的各位工作人员，是你们的细心修改和质量把关才让这一本书如此优雅的面世。最后，感谢南京大学文学院的彭馨葭博士，她是我多年的亲密学术战友也是第一位仔细阅读该译稿的人，她逐字逐句阅读修改、呕心沥血、无微不至，没有她的帮助想要完成这部译著根本无从谈起。此外，本书的翻译得到了中国人民大学科学研究基金（中央高校基本科研业务费专项资金资助）项目"西方生态批评的三次浪潮"［批准编号：21XNF040］的资助，在此表示感谢。

张振

2021年7月7日于北京友谊社区